Irène Aeschlimann-Hofmann

Tenir FERME

RÉCIT BIOGRAPHIQUE

Irène accepte de se raconter à l'âge de 85 ans.
Elle prend grand soin que, même après son départ,
nous nous rappelions toujours de ces choses.

Hélène Rancourt

EHR

Publié par : Éditions EHR
Éditions Hélène Rancourt
rancourthelene42@gmail.com

Conception graphique et mise en page :
Hélène Rancourt

Conception graphique de la page couverture :
Stephanie Smith phase-3.ca

Photographie aérienne de la première couverture :
Raphael Scheideger

Photo aérienne de la quatrième couverture:
Gérard Aeschlimann

Photographie du couple p. 191 et de la quatrième couverture :
Céline Aeschlimann

Photographie de la page 75 :
Marie Laferrière

Impression : Groupe Audaz.

Les références bibliques- textes et citations-sont tirés de la Bible Louis Segond 1979,
Société biblique de Genève, sauf indications contraires.

ISBN 978-2-9821718-0-0

Dépôt légal - Bibliothèque et Archives nationales du Québec, 2e trimestre de 2023.
Dépôt légal- Bibliothèque et Archives du Canada, 2e trimestre de 2023.

Imprimé au Canada.

Dans cet ouvrage, le masculin est utilisé comme représentant les deux sexes, sans discrimination à l'égard des femmes, dans le but d'alléger le texte.

Dédicace

À mes enfants, petits-enfants et arrière-petits-enfants.

Irène Aeschlimann-Hofmann

À mes enfants et petits-enfants,
Dont certains seront aussi les arrière-petits-enfants d'Irène.

Hélène Rancourt

Ce que je vous dis dans les ténèbres,
Dites-le en plein jour !

Matthieu 10.27

Ce que nous apprenons dans la confusion,
la solitude et la souffrance,
nous est permis pour la bénédiction de beaucoup.

Joyce Meyer

Psaume 23

Une version aimée d'Irène

Le Seigneur est ma force, je ne paniquerai pas.

Il m'aide à me relaxer et à me reposer en confiance,

Il me rappelle que je Lui appartiens, et rétablit ma sérénité.

Il me conduit dans mes décisions et me communique la paix dans mes pensées.

Sa présence est paix. Même si je marche dans la vallée de la crainte de l'échec,

Je ne m'inquiéterai pas, car Il sera avec moi.

Sa vérité, grâce et compassion m'équilibreront.

Il me prépare réconfort et restauration en pleine agitation.

Il me oint de Sa sagesse,

Ma coupe déborde avec une nouvelle énergie.

Oui le bonheur et la grâce m'accompagneront.

Et je marcherai par Sa force.

Et demeurerai dans Sa présence à jamais.

Préface

Wow ! Quel bel héritage à laisser à ses enfants ! Un lègue de foi, de persévérance, de grâce et d'amour. Ce récit de vie nous motive dans notre marche avec Dieu, il nous aide à persévérer malgré l'adversité, à garder nos yeux sur notre Sauveur. Ce livre nous encourage à être reconnaissants malgré les circonstances, sachant que Dieu est Dieu et qu'Il est en contrôle.

Pasteure Sonia Masseau
Responsable des missions
Église Nouvelle-Vie
Longueuil, Québec

Introduction

Irène Aeschlimann a 85 ans. Elle est née Hofmann. Elle fait partie de cette génération qui adoptait le nom de l'époux dès le mariage. Elle est mariée avec Otto depuis 1959. Ses cheveux longs, toujours attachés en chignon, font cadrage pour ses yeux vifs et intelligents. Elle est menue et forte. Cette femme émérite respire l'humilité et la quiétude. Elle ne laisse personne indifférent bien que ce ne soit pas là son intention. Loin d'elle le désir d'attirer les regards. C'est le charme de son cœur doux et paisible qui interpelle.

La côtoyer fait jaillir cette simple question : pourquoi ? Pourquoi est-elle ainsi ? Quels événements ont façonné la femme qu'elle est ? Peut-elle, veut-elle le partager ? Elle répond qu'elle y a songé sérieusement pendant deux ans, ces deux années colorées par la pandémie de Covid-19. Elle avait bien été approchée pour un tel dessein par des compatriotes suisses, il y a quelques années. Mais le projet était mort dans l'œuf, faute de complicité entre les parties.

Mais aujourd'hui, elle en est venue à accepter que son récit de vie puisse être un encouragement pour plusieurs. Au pire, une distraction, au mieux un héritage. Elle pense d'abord à ses enfants et petits-enfants, mais aussi à tous ceux et celles qui ont une foi du même prix que la sienne. Ou pour qui la cherche.

Irène a déposé sur la dînette de la cuisine des albums débordants de photos précieuses. Elle en a pour toutes les époques de sa vie. Parler avec Irène, c'est tomber sous le charme de la langue suisse-allemande qui émerge à tout moment à travers une suite de mots en français. Elle s'exprime d'une langue à l'autre avec souplesse. Quand elle doute, elle utilise le traducteur de sa tablette pour préciser sa pensée. Très souvent, elle doit écrire des noms de personnes ou des noms de villes sur une feuille de papier, facilitant ma prise de notes.

L'après-midi est beau, sans distraction en vue. Elle accepte de parler d'elle librement. Je suis aux premières loges, privilégiée de me retrouver là, témoin de sa transformation au fil du temps.

CHAPITRE 1

Du noir et blanc à la couleur

Rencontre

Nous sommes le 18 août 1957 sur une ferme de Richigen, dans le Canton de Berne, en Suisse. Elle appartient à la famille Hofmann depuis des générations. C'est aujourd'hui la fête d'Emma Burki-Hofmann, devenue veuve il y a quelques mois à peine. Hans Hofmann, son époux, l'a laissée avec l'entreprise, comptant sur ses trois enfants pour la soutenir : Irène, Walter et Ursula. Invitée par les sœurs d'Hans, Emma, accompagnée de toute la famille, sort pour fêter son 56e anniversaire. Irène est restée seule à la maison. Étant l'aînée, elle a le mandat de garder la ferme pendant ce temps-là. Rien de remarquable au programme mais du repos peut-être.

Des amis décident d'improviser une visite pour voir au bien-être de la veuve. Le couple de fermiers Aeschlimann et leur fils Otto se présentent donc à la maison. Les deux familles se connaissent car elles fréquentent la même assemblée chrétienne évangélique. Le jeune Otto Aeschlimann tient compagnie à Irène pendant que, son père, Rudolf, en homme bienveillant, fait le tour de la ferme. Madame Aeschlimann disparaît aussi pour un moment, laissant les deux jeunes adultes subséquemment en tête à tête.

Ils discutent librement de leur emploi du temps respectif. Bien que graduée de l'école de commerce, Irène seconde sa mère sur la ferme. Elle apprend qu'il est gardien de prison et responsable de la section agricole dédiée à la plantation d'arbustes. De six ans son aîné, Otto reconnaît la beauté, la vivacité et l'intelligence d'Irène. Le courage aussi. Il a un coup de foudre pour la jeune femme.

Irène Hofmann vit le présent naïvement sans se douter que le cœur du jeune homme est séduit. La fin de la visite marque aussi la fin de la pause pour Irène. Elle retourne à son dimanche prévisible.

Un mois depuis cet après-midi marquant, pour l'homme du moins, elle reçoit une première lettre d'Otto. Étonnée, la femme en saisit l'intérêt exprimé pour elle, mais ne veut pas blesser le soupirant. C'est doux, mais ses sentiments personnels pour lui n'en sont pas là.

Quelques semaines plus tard, souffrant de maux de ventre sévères, Irène doit être hospitalisée. Elle devra subir l'ablation de l'appendice. Convaincue qu'elle mourra comme sa sœur ou son père de maladie impromptue, elle accepte de ne jamais se réveiller de cette anesthésie funeste ! Même sa mère ne lui parle jamais d'avenir, pas plus qu'à son frère Walter ou à sa jeune sœur Ursula. Traumatisée par les deuils consécutifs de six de ses neuf enfants, Emma contrôle ainsi la douleur en évitant d'imaginer un avenir pour ceux qui restent.

Assise à se morceler l'âme dans son lit d'hôpital, voilà qu'Irène reçoit une lettre. Elle l'ouvre intriguée. C'est écrit de la main affectueuse d'Otto. C'est une demande en mariage ! Convaincue de mourir aujourd'hui, pour ne pas lui faire de peine, elle répond oui ! Pour elle, entrer à l'hôpital, c'est automatiquement s'éteindre. Elle répond à Otto et s'assure que la missive lui soit acheminée. Elle peut mourir en paix et en toute sainteté ! On la prépare pour son appendicectomie. Masque, décompte vers l'au-delà. Dix, neuf, huit...

Elle se réveille inopinément, bel et bien vivante, après son opération. Elle est devant sa décision.

Un séjour de deux semaines à l'hôpital s'impose malgré tout. Rassurée sur son état de santé, elle est maintenant accablée par la réponse donnée à la demande en mariage d'Otto. À ce moment-là, elle ne voit en qui que ce soit une personne de confiance. Elle souhaiterait tellement partager un si lourd fardeau.

Troublée et seule, elle prie Dieu de la guider dans cette situation :

« Seigneur, montre-moi vraiment le chemin à suivre ! Je suis complètement perdue ! »

Otto, de son côté, ignore la profondeur du dilemme tenaillant la jeune femme de 19 ans dont il est épris. Il ne sait même pas qu'elle est hospitalisée : ses lettres, adressées à la maison des Hofmann, avaient été transmises à l'hôpital par un employé des Postes affable. Un service spécial pour une situation spéciale.

Lors du deuxième envoi, Otto propose de visiter Irène le prochain samedi, en soirée, à la ferme familiale. Elle reçoit bien la correspondance, mais elle décide de laisser aller le projet par lui-même. De lâcher prise en quelque sorte. Elle informe sa mère de la liaison avec le fils des Aeschlimann et le plan annoncé de sa visite imminente.

Otto se présente donc chez les Hofmann le jour convenu et est accueilli par Emma. Informé de la condition physique d'Irène, il repousse sa visite au lendemain, à l'hôpital de Grosshôchstetten cette fois.

Dimanche, Otto entre dans la chambre et salue Irène par un premier baiser. Il ne voit pas que son amie est gênée par une version amoindrie d'elle-même. Ils passent donc ensemble l'après-midi, rejoints plus tard par la mère et la tante de la jeune femme. Ainsi est mise au grand jour la relation du nouveau couple, libérant ainsi le cœur d'Irène qui s'ouvre à l'affection d'Otto.

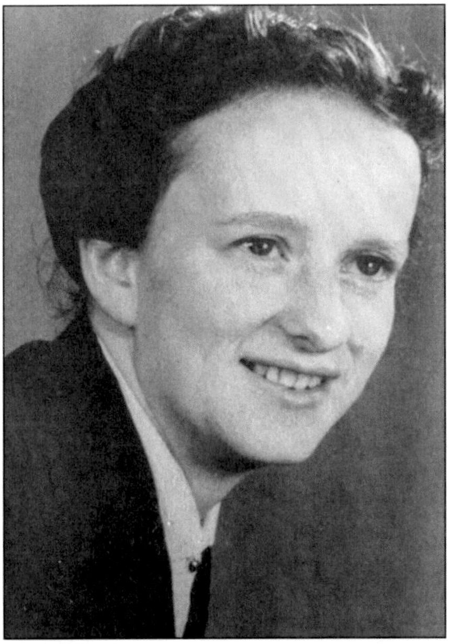

Irène en 1957. Elle a 19 ans. Otto en 1957. Il a 25 ans.

Comme des vacances

Début septembre, Irène quitte l'hôpital. Trois semaines plus tard, Otto l'invite à passer un moment dans sa famille afin de faire mieux connaissance avec ses parents. Au volant de l'auto de son père, il emprunte une route secondaire entre Richigen et Thôrishaus, et ainsi révèle, aux yeux émerveillés de sa compagne, des paysages magnifiques du Canton de Berne. Un décor enchanteur, dessiné de montagnes et de petits lacs, apaise l'âme éprouvée d'Irène Hofmann. Jamais auparavant avait-elle goûté à des vacances. Une fenêtre nouvelle sur la récréation venait de s'ouvrir devant elle à Gantrisch. Plus de mort, plus de maladie, plus de travail pour un moment ; mais du repos et un embryonnaire plaisir de vivre. D'Otto émane cet effluve de vie séduisante. Irène sent que sa vie en noir et blanc se colore par la force lumineuse que dégage si humblement, si naturellement Otto.

Ils marchent ensemble dans ce paysage de carte postale. Leur discussion devient plus intime. Cette fois, Irène doit énoncer clairement sa situation. Elle ne peut quitter sa mère maintenant et doit continuer de gérer avec elle, la ferme et les tâches, de même que diriger l'organisation du travail des employés inhérente à l'entreprise. Du moins, jusqu'à ce que son frère cadet de deux ans, Walter, termine son service militaire et ses études en agriculture.

« Je ne peux donc me marier tout de suite, peut-être ai-je dit oui trop vite. » lui lance-t-elle.

Devine-t-il qu'elle ne rêve que du moment où sa vie ne sera plus sur une ferme ? Et devine-t-il que souvent elle s'imagine ailleurs pour se donner du courage ? Otto lui offre une vie différente par son travail de gardien de prison. Il aime ce qu'il fait et il est grandement apprécié de ses collègues, et tout autant des prisonniers. Des gens auxquels il offre un amour inconditionnel et un dévouement sincère. Un horizon de promotions se dessine devant lui dans le milieu carcéral Thorberg. Sa foi et sa consécration à Dieu modèlent sa vie. Un trait de caractère précieux pour la jeune

Irène. Tout cela confirme, à ses yeux, le charme incontournable de l'homme auquel elle était pourtant restée insensible, lors de leur première rencontre peu de temps auparavant.

Elle n'oubliera jamais la réponse de son amoureux :

« Ça ne fait rien… je peux attendre. J'attendrai. »

Le cœur d'Irène est gagné par de tels mots. Comme prévu, la journée se poursuit chez les parents Aeschlimann. Elle est intriguée, abreuvée par l'harmonie et l'affection naturelle qui règnent dans cette famille. La perspective de fiançailles d'Otto, à l'âge respectable de 25 ans, à cette femme de valeur qu'est Irène Hofmann, offre beaucoup de bonheur à la famille Aeschlimann. Une approbation précieuse qui n'est pas sans rappeler celle entendue jadis au projet de mariage d'Emma Burki et d'Hans Hofmann, ses parents.

La relation est au beau fixe. Irène fera une année de formation dans une école et pensionnat de fermiers. Otto continue son emploi à la prison de Thorberg.

Lieu de travail d'Otto, la prison de Thorberg.

École et pensionnat de fermiers d'Irène à Uttewil. (Photos 1 et 2)

Tous les 15 jours, les fins de semaine sont congés pour le couple. Alors Otto passe chercher Irène au pensionnat et la ramène le dimanche soir, avant le couvre-feu de 22 h.

Le temps passé ensemble renouvelle et guérit le cœur d'Irène, meurtri par les pertes passées. Elle s'épanouit. Et de jeune femme renfermée, elle devient heureuse et mord dans la vie. Elle a dorénavant la compagnie d'un ami et d'un complice inestimable. Après chaque moment ensemble, Otto prend l'initiative d'un temps pour prier. Ils prient l'un pour l'autre afin que Dieu les soutienne et bénisse leur parcours. Ce rituel intime conforte Irène dans ses attentes de chrétienne engagée. Elle a devant elle un conjoint potentiel, un bien-aimé que Dieu semble avoir préparé sur mesure pour elle. Ses doutes se dissipent peu à peu. Ils n'ont qu'à patienter deux ans et leur vie sera enfin mise en scène ailleurs, dans un nouveau décor, loin de la ferme. Aussitôt que le climat le permet, c'est à moto qu'il vient la rejoindre pour la ramener à la maison. Une moto Condor 1950 de l'armée suisse achetée pour 1500 $. Un scénario romantique digne d'un film italien de l'époque ! Elle adore quand ce fascinant jeune homme arrive le samedi midi. Le couple sillonne les routes apaisantes du pays, contrastant avec leur semaine si remplie, exigeante et intraitable parfois. Impossible de parler sur cet engin. Les pensées se rencontrent dans le bonheur du moment.

Elle se sent un peu délinquante, surtout libre et attrayante. Avec Otto, elle plonge dans un monde effervescent et vivant. Elle vit cette confiance et ce bien-être que lui procurait la présence masculine incarnée par son père et ses attentes ne s'en dilueront point.

Étudiantes de l'École d'agriculture et Irène.

En mars, cette année-là, la Suisse connaît une période de chaleur inhabituelle pour la saison. À Genève, le thermomètre franchit des degrés surprenants durant trois jours consécutifs. Alors qu'au Canada ce sont les esprits qui s'échauffent dans une émeute au Forum de Montréal : le joueur étoile de hockey sur glace de l'époque, Maurice Richard, est exclu des séries éliminatoires. L'événement marque le début de la Révolution tranquille au Québec.

Mais le couple est bien loin de se douter que le Québec sera leur résidence dans 20 ans. Ils sont dans le moment présent et vivent ensemble leur propre révolution tranquille.

Le jeune couple aux fiançailles d'une amie (1960).

Le couple au mariage de Veronica, amie d'Irène (1960).

Affranchissement et devoir

Pour Emma Hofmann, le projet de mariage de sa fille n'est pas, pour l'instant, un signe de bénédiction. Veuve depuis peu, devant la charge qui lui incombe, elle s'inquiète. La mère insiste auprès de sa fille pour qu'ils considèrent, une fois mariés, habiter avec elle sur la ferme pour aider dans l'ampleur de la besogne. Irène est bousculée, ébranlée voire abusée par cette demande. Ne rêve-t-elle pas de la quitter cette ferme familiale ? Comment sa mère peut-elle souhaiter une chose pareille ? Elle vient de passer deux ans de célibat supplémentaires en ces lieux de labeur : n'est-ce pas suffisant ? Irène se sent menottée, obligée d'obéir par respect.

Elle en fait part à Otto lors d'un congé. Il s'accorde un temps de réflexion. Ce à quoi il s'emploie pendant plusieurs heures. Puis, il informe Irène :

« Oui je viens. »

Homme courageux et homme de foi, il comprit que, pour gagner le cœur d'Irène, quelques obstacles seraient à surmonter. Il partagera, pour quelques saisons, l'engagement de sa bien-aimée. Tout cela le temps que Walter soit formé pour prendre la relève.

Elle gradue de l'école d'agriculture à l'automne 1958, ils se fiancent le 30 novembre et se marient le 21 février 1959. Elle a 22 ans, lui 27.

Mariage le 21 février (1959).

Ueli Aeschlimann, frère d'Otto, Irène, Otto et Veronica, amie d'Irène.

Ils habiteront donc à la ferme Hofmann avec Emma, Walter et Ursula. Il n'y a pas qu'Irène qui tombe sous le charme d'Otto, même les quatre employés n'y échappent pas ! Sa grande gentillesse et sa compassion rejaillissent sur sa belle-famille à laquelle il dévoue une partie de sa vie.

Grâce à la contribution du couple, Emma vit plus doucement et son sourire se mêle aux rires amusés d'Ursula devant les pitreries d'Otto. Walter peut suivre, sans en être gêné, les cours d'agriculture qui lui seront utiles à la succession de la ferme.

Le voisinage s'inquiète en imaginant la vie commune entre le jeune couple et une Emma taciturne. Néanmoins, tous sont rassurés par l'harmonie et la joie que chacun expérimente en cette période d'adaptation. La lourdeur s'efface lentement du visage d'Emma. L'ambiance est légère et la gaieté est visible.

Trois photos d'Emma Burki, maman d'Irène.

La sortie dominicale en voiture, pour toute la famille, balaie au passage la tristesse et la morosité. Trop de dimanches après-midi avaient pris la forme de visites aux malades pour les Hofmann. Leurs pas avaient si souvent foulé le parquet gris des hôpitaux pour soutenir un des leurs.

Plus maintenant ! Les pique-niques, les décors champêtres, les couleurs vibrantes de chaque saison, le roulis paisible de la voiture, les cantiques chantés en famille au fil des paysages, tout cela marque bel et bien le retour à la vie. Ursula a 14 ans, elle s'amuse aux dépens de son beau-frère. Walter bénéficie de la maturité d'Otto comme celle d'un grand frère auprès de lui. Ils travaillent souvent ensemble entre son service militaire obligatoire et sa formation d'agriculteur. Des rires sont un baume pour les cœurs cicatrisés.

La ferme Hofmann à Richigen, dans le Canton de Berne, en Suisse (2023).

CHAPITRE 2

La famille Hofmann

Mariage d'Emma Burki et Hans Hofmann le 26 juillet 1926.

Alice

Quelques fois, Irène se pince pour réaliser le chemin parcouru. Quand elle voit Emma rire de bon cœur, c'est son cœur à elle qui se détend et proclame les bontés de l'Éternel. Car cette femme a supporté tant de douleur par le passé. Son père, Hans Hofmann, l'avait instruit des événements survenus avant sa naissance. Quand elle ferme les yeux elle se rappelle ses récits. Elle-même a ses propres souvenirs des faits liés à sa sœur Alice qu'elle aimait tant.

Chaque année, à son anniversaire, le 2 septembre, Irène se souvient. Tout s'éteint autour d'elle et des images se bousculent dans sa tête… Des rires de petites filles complices occultent le bruit du travail sur la ferme. Elles promènent des chats qu'elles ont pris bien soin d'habiller avec des vêtements de poupée, contraignant les pauvres bêtes à être ballottées vigoureusement au creux du landau en mouvement. Pris de nausées, les passagers vomissent. Irène, la cadette, est rebutée devant cette scène nauséabonde. Alice, son aînée d'un an, se charge de nettoyer le tout à la fontaine devant la maison sous les regards dégoutés de sa petite sœur. Alice se plaint :

« Tu ne fais rien et moi je dois nettoyer toute seule ! »

Les deux félins ont survécu à leur aventure.

Alice et bébé Irène.

Alice, une amie de l'église et Irène.

Elles se rejoignent dans leur monde imaginaire. Les petites dansent sur leur lit double, accrochant au passage des objets fragiles, comme cette fois où elles cassèrent le verre d'un cadre. Complètement absorbées par leurs sauts et la joie qui s'exprimait, elles ne trouvaient même pas nécessaire de ramasser les morceaux cassés. Elles dormirent comme à l'habitude dans une quiétude d'anges. Ce sont les parents qui, au réveil, écarquillèrent les yeux devant les blessures évitées miraculeusement ! Et le jour où Alice, complètement investie dans son rôle de coiffeuse, avait coupé les cheveux d'Irène. Cette fois encore, où elle avait pincé trop solidement un objet au lobe de l'oreille d'Irène, en soignant comme font les médecins ! Et dire que tout cela se passait le soir de la semaine où se tenait une étude biblique dans la maison des Hofmann ! Leurs cœurs candides sont heureux par la simple présence de l'une et de l'autre.

Nous sommes en 1940, Irène vit sans retenue sa grande affection pour Alice. Puis, avec la fin de l'été, arrive la rentrée au primaire pour Alice. La voilà prenant sa place à l'école du village dans le rang des élèves de première année. La cadette doit composer du haut de ses cinq ans avec la perte de sa compagne de jeux. Mais Irène la rejoindra l'année suivante. Ainsi elles retrouveront le privilège de passer leur journée ensemble, dans la même classe multi-niveaux. Leur vivacité et leur intelligence font de l'école un temps nécessaire mais agréable. La complicité et le bonheur qu'elles partagent sont palpables. On les prend souvent pour des jumelles.

Hans, Irène, Walter, Emma et Alice devant la ferme de Richigen en Suisse.

Emma

Emma lit dans le journal de Richigen qu'une nouvelle maladie s'inscrit dans l'histoire de la Suisse : la poliomyélite. Son cœur de mère se sert. Elle se reprend et détourne de sa pensée les visages de ses cinq enfants partis trop tôt, trop petits, trop... difficile. Ruth née en 1927 : morte noyée dans une fosse à l'âge de quatre ans. Esther née en 1929 : morte à deux ans de maladie infantile comme son petit frère Alfred, né en 1931 et mort à un an. Alice, bébé mort-né en 1933. Et Béat parti en 1942, à sept mois sans jamais avoir pleuré. Emma doit taire cette insoutenable douleur qui l'assaille, volant sa jeunesse et sa force.

LA "PRESSE" EST LA MINE D'OR DES ANNONCEURS

MONTREAL, SAMEDI 22 AOUT 1942

LA PRESSE

LE PLUS GRAND QUOTIDIEN FRANÇAIS D'AMERIQUE

Un contrat approuvé par

On le croit mort

La défense

Parrain d'un navire

Si l'on désire obtenir des coupons de thé-café pour un enfant qui a atteint l'âge de 12 ans depuis l'émission de la carte temporaire de rationnement, ou qui l'atteindra d'ici le 7 septembre, il faut en informer le bureau de rationnement. En fait, pour régler tout cas spécial, il faut toujours s'adresser à ce bureau, en ayant bien soin de mentionner le numéro de série du carnet.

Autre cas de poliomyélite

Hier après-midi, un nouveau cas de paralysie infantile s'était déclaré à Montréal, ce qui porte le total à 42 cas. Dans les deux derniers jours le service de santé de la ville de Montréal a enregistré cinq nouveaux cas.

Texte tiré d'une annonce dans journal La Presse de Montréal en 1942.
Emma a été confrontée à la même réalité en Suisse.

Alice 8 ans, Walter 5 ans et Irène 7 ans.

Alice, Irène et Walter sont là bien bruyants et ont besoin d'elle. Emma se ramène et récite des versets bibliques comme un remède pour son âme. Une tâche l'attend, elle s'y attaque comme si son corps, une fois épuisé, pouvait mater son chagrin.

Inconscientes, insouciantes, Irène et Alice jouent dans leur monde sans dilution. Elles sont déterminées à apprendre comment faire du vélo dans leurs derniers jours de vacances de cet été 1944.

Prise soudainement d'un violent mal de tête, Alice plus frêle, ne veut plus jouer et prend le lit en plein jour. Irène l'accompagne par affection. Bientôt la fièvre l'enveloppe et sa santé dégénère. Irène démontre les mêmes symptômes. C'est la poliomyélite qui paralyse Alice du bas du corps jusqu'au cou. En alerte, le médecin du village prend l'enfant dans ses bras et la transporte vers sa voiture pour l'emmener à l'hôpital. Les yeux tristes d'Irène sont fixés sur sa meilleure amie alors qu'elle quitte la ferme. Aucun mot des adultes pour la rassurer ou lui expliquer ce qui arrivait. Brave à seulement sept ans, elle avait formulé ses adieux à sa sœur bien-aimée. Seule tante Marie, la sœur d'Emma, la rabroua :

« Ne dis pas que ta sœur ne reviendra pas ! Ça porte malheur ! »

Alors qu'Irène sentit dans son cœur que c'était son dernier moment avec Alice.

Le lendemain, à son réveil, ses craintes se confirment, renforcées par des bruits nouveaux à la maison. Des sons voilés, des sons qui avaient, sûrement cinq fois, mille fois, percé les murs de cette demeure. Elle se lève doucement de son lit et marche jusqu'à la porte entrouverte de sa chambre, contiguë au salon. Là, seul, Hans pleure, replié sur lui-même, déversant sa peine devant l'inévitable : sa magnifique Alice ne reviendra plus. Il est dévasté.

Emma, dès ce moment, se réfugie intensément dans le travail soutenu, elle ne laisse aucune place pour étaler toute sa douleur. Alice est la sixième enfant que le couple perd de maladie. Emma vieillit, usée par le chagrin. Ce matin-là, un grand bol sous le bras, elle s'évade vers un champ de framboises.

Irène légèrement atteinte de la poliomyélite n'aura pas de séquelles.

Non, Irène ne reverra jamais Alice. Du moins pas ici-bas. Dans ses rêves parfois. Elles ne joueront plus aux mêmes jeux, séparées en deux mondes. Irène, enlacée par une solitude sans nom, se referme sur elle-même et rencontre différents blocages émotionnels. Ses parents, eux-mêmes souffrants, ne voient que très peu la détresse qui l'habite. Les larmes de la famille ont mouillé souvent le sol du cimetière, et pour Irène, quelque chose s'y est brisé. Le 17 août 1946, une autre petite fille, Ursula, complète le trio toujours vivant d'une famille de neuf enfants. En raison de son écart d'âge avec Irène, leur relation ne comblera pas le vide laissé par le départ d'Alice.

Ursula, 10 ou 11 ans. Derrière, la maison de tante Marie Burki.

Hans

Quand Irène pense à son père, Hans Hofmann, elle voit un homme aimable, doux et agréable. Un père présent et un mari aimant. Devant les deuils, il se tourne lui aussi vers le travail et rassemble son courage pour organiser la ferme. Il occupe, de plus, le poste de maire du village de Worb. Toutefois, on devine qu'une certaine tristesse ne le quitte jamais.

Quant à Emma, elle est tellement affligée qu'elle n'arrive plus à se projeter, à imaginer un avenir pour ses enfants. Elle est envahie par la peur incoercible de les perdre à leur tour.

Malgré tout, Irène garde certains souvenirs agréables de sa petite enfance, dont un particulièrement doux. Petite, elle est assignée par sa mère pour remettre une lettre à un voisin. Il fait un soleil radieux. Fière de ses cinq ans, la fillette porte la missive avec conviction. Mais la distance et la chaleur ont bientôt raison de sa volonté. Au moment où le désarroi la menace, elle est soulevée par des bras forts et assurés : son père est venu à la rescousse à vélo. Elle remplit sa mission assise sur la barre du vélo, convaincue de son talent de postière !

Hans et Irène.

Timbre imprimé par la confédération

Hans Hofmann reçoit de sa mère, en héritage, les qualités de gestionnaire et de visionnaire. C'est aussi par son exemple que le couple se convertit en 1937, l'année de naissance d'Irène. Ils remirent, par la foi, leurs vies à la souveraineté de Christ. Ils trouvent ainsi une certaine paix, après des années de tragédies successives.

La foi vient de ce que l'on entend ; et ce que l'on entend, vient de la Parole de Christ, peut-on lire dans l'épître aux Romains. L'Évangile est entré chez la famille Hofmann par la persévérance et la curiosité de Lina Marti-Hofmann, la mère d'Hans.

Grand-Mère Hofmann avait visité beaucoup d'églises, à la recherche de la vérité. Fréquentant l'Église Unie, déçue de la pauvreté des enseignements, elle entendit l'Évangile et la nécessité de la nouvelle naissance dans une assemblée des Églises Évangéliques de Suisse.

Grand-père et Grand-mère Hofmann :
Gotfried Hofmann et Lina Marti.
Elle était plus jeune que lui de 13 ans.

Elle se convertit et partage l'évangile avec sa famille. Elle pousse même l'audace jusqu'à trouver un pasteur qui vient enseigner à la ferme de Richigen, un dimanche par mois, dès 14 h. Des amis et des voisins composent cette nouvelle assemblée. Irène ne côtoiera pas sa grand-mère maternelle, décédée avant 1937, mais trouve en elle une identité, par les nombreux parallèles relevés par son père. Le potentiel d'Irène est semblable à celui de son aïeule. Toutes deux démontrent un caractère novateur avec une douance pour la gestion de la ferme et des affaires. On leur reconnaît aussi des aptitudes pour diriger.

Lieu de rassemblement le dimanche à la maison des aînés chez les Hofmann.

À la mort de Grand-mère, Lina Marti-Hofmann, le 16 juin 1937, les parents d'Irène ont continué l'œuvre d'héberger l'Église. Ils ont accueilli cette petite assemblée d'une soixantaine de personnes pendant plusieurs années. La dernière réunion se tiendra en 1985.

Classe d'École du dimanche pendant une assemblée tenue sur la ferme des grands-parents Hofmann autour de l'année 1935.

Grand-père Hofmann et ses frères. Il est en bas à droite.

Souvenirs de guerre

Nous sommes en 1942, au beau milieu de la Deuxième Guerre mondiale. Irène a cinq ans.

La Suisse réitère sa neutralité mais se prépare tout de même au pire. La nation helvétique assure sa propre défense aérienne comme aux frontières, mais elle ne veut être associée à aucune des forces présentes. Dans un souci de pourvoir à ses propres besoins, un virage agricole mobilise plusieurs fermes et on double la superficie des espaces ruraux pour faire semis et récoltes. Les militaires et les civils participent ainsi à l'effort de guerre. Mais la population vit tout de même l'économie des ressources et un système de cartes de rationnement est mis en place. La famille d'Irène compte cinq personnes et embauche plus de six employés. La nourriture et les ressources doivent être minutieusement gérées pour passer à travers cinq années de conflits internationaux.

HWEIZERISCHE EIDGENOSSENSCH

Ganze Lebensmittelkarte
für 1 Person

Gültig vom 1. Januar bis 6. Februar 1944
coupons, welche nur bis 31. Januar 1944 gültig sind
eitsdauer das KEA bei einer allfälligen Inkraftsetzu

ts-Rationen pro Januar 1944	Ganze Rationen	Oberteil (Mittagessen)
kwaren (davon 6 Wechselcoupons	7000 gr	1600 gr
Brot oder 450 gr Mehl)*	400 gr	200 gr
rseprodukte*	250 gr	250 gr
	500 gr	500 gr

Carte de rationnement pour une personne (Musée national suisse, 1944).

Hans Hofmann garde les frontières de la Suisse pour l'armée. Il apporte ses chevaux et en laisse un seul à l'écurie pour le travail de la ferme. Un climat d'incertitude règne sur le pays et chacun est préparé à bouger rapidement en cas de besoin. La famille d'Irène ne fait pas exception.

Irène collabore très bien en préparant ses vêtements au coucher de manière à pouvoir les attraper en cas de fuite. L'église continue malgré la guerre. Un chef militaire chrétien suisse intercède et demande de prier afin de protéger le pays, ce que Dieu bénit.

Le 8 mai 1945, Irène a 8 ans, elle est en 2e année : Enthousiaste, son enseignante, madame Ruth Scherrer, arrive en dansant et en annonçant que la guerre est terminée ! Pas de classe aujourd'hui ! Nous chanterons pour les personnes âgées. Enfin une bonne nouvelle !

Hans Hofmann dans la cavalerie Suisse.

Troisième de la deuxième rangée, Hans et d'autres soldats de la cavalerie Suisse.

CHAPITRE 3

Grandir et devenir une femme

La classe de 6e année d'Irène. Elle est la 5e fille assise.

La préadolescence et ses tourments

Le temps passe. Est-il une justice que celle-là. Une douceur aussi parce qu'elle estompe les souvenirs et les rend moins vifs, moins douloureux. Irène continue sa formation à l'école primaire et atteint fièrement sa 5e année. Son corps change ; elle découvre à sa grande terreur que son corps saigne. Inquiète et troublée elle en parle à sa mère qui lui adresse le sujet pour la première fois. Non, elle ne mourra pas elle aussi. Mais elle devra gérer ces pertes chaque mois. Il n'y a pas que la mort qui fait partie des non-dits.

Elle le comprend fort bien avec la suite des événements.

Des changements physiologiques importants et normaux apparaissent chez Irène pendant son adolescence. Elle devient plus ronde et plus grande aussi. Sans préavis, sans explication aucune, Emma prend la décision de l'envoyer vivre dans une famille d'accueil, chez des amis évangélistes pour une période indéterminée :

« Tu dois aller dans une autre famille. » lui dit sa mère.

Irène n'a pas demandé pourquoi. Elle part gardant pour elle sa confusion. Son père, de qui elle est pourtant proche, ne lui donne d'explication pour un tel départ. Même si Hans est un homme affable, côtoyant souvent sa fille, faisant d'elle une alliée dans ses tâches, cette fois, il la déçoit. Elle obéit en croyant que c'est le meilleur pour elle à 11 ans. Pourquoi mes parents seraient-ils mal intentionnés ? conclut-elle.

Elle se retrouve donc, malencontreusement, dans une famille où s'émulent cinq filles. Elle occupera le milieu selon son âge. La dynamique mesquine la rend malheureuse. C'est affreux pour elle. Jugée injustement et encadrée trop sévèrement, Irène est comme dans une prison. Elle ne peut sortir seule et doit toujours être accompagnée. Elle perd confiance et cela nuit à ses apprentissages.

Étant maintenant sous la tutelle d'un homme strict et dur, à ce moment de sa jeunesse, elle vit la solitude ajoutée à ses blocages et à sa douleur. Sa maison lui manque. Son visage arbore constamment la tristesse. Six longs mois qu'elle préfère oublier. Ne voulant pas égratigner l'image de la famille d'accueil évangéliste aux yeux de ses parents, Irène ne leur dit rien de toute sa souffrance.

Beaucoup plus tard elle apprend, par une de ses tantes, la raison pour laquelle un tel plan avait été formé pour elle. Cette décision était liée au fait que sa mère Emma avait été témoin, alors qu'elle avait elle-même 11 ans, de la mise à l'écart de sa grande sœur de 18 ans. Son aînée, Marie, a vécu le drame : enceinte de son propre cousin, elle est camouflée le temps de sa grossesse. La tante d'Irène garda son bébé et trouva un conjoint plus tard. La mère d'Irène, suspicieuse de sa prise de poids, la croyant enceinte, voulait ainsi la préserver des regards.

Irène développe une grande colère envers ses parents qui ont manqué de simplement lui demander si elle avait eu des comportements à risque de grossesse. Emma ne réalise que plus tard son manque de sagesse.

Tante Marie, sœur de sa mère, au centre. Emma à sa gauche.

Alors l'enfant se referme davantage sur elle-même. Son enseignant de 5e année voit son mutisme et veut l'aider. Bien qu'il déploie envers elle beaucoup de bienveillance, Irène reste prisonnière de son blocage. Elle parle peu, jour après jour, aussi triste. Il méconnaît les sources de son désarroi, de sa colère, et de sa tristesse paralysante. Toutefois, l'adolescente apprécie sa bonté et la sollicitude déployée. Même Dieu n'a pas accès à son cœur endolori à ce moment de sa vie.

L'adolescence

À 14 ans, en février 1951, Irène comprend le salut en Jésus-Christ de façon personnelle et elle se convertit. Elle place sa foi dans l'œuvre de Jésus-Christ à la croix suffisante pour la sauver du salaire du péché. Ce sera pour elle une bouffée d'air frais, un vent de régénération et de guérison. Elle n'est plus seule, Dieu connaît ses lourdeurs et ses souffrances. Une paix inconnue jusque-là revendique la place dans son cœur. C'est une nouvelle naissance. Pour la jeune fille, cette décision est le début d'une vie à marcher fidèlement avec Dieu, bien au-delà de ce qu'elle peut penser ou même imaginer.

> **Étant donc justifiés par la foi, nous avons la paix avec Dieu par notre Seigneur Jésus-Christ...**
>
> **Romains 5.1**

Lors de cette soirée d'évangélisation à la suite de sa décision de donner sa vie à Dieu pour l'honorer, elle trouve la grâce et la force de pardonner à tous ceux qui avaient contracté une dette à son égard. Cela lui redonne une joie, la joie d'un cœur léger et libéré. Elle lit la Bible et se fortifie par cette connaissance. Elle a la conviction qu'une nouvelle création vit en elle. Elle la mesure par le changement qui s'opère dans sa façon de voir les choses. Elle soutient : « Je suis maintenant quelqu'un d'autre ! Je le sens ! Je le vois ! ».

Cette façon de vivre, racontée comme authentique chez sa grand-mère Hofmann, puis chez son père, crée, entre eux, une relation privilégiée. Cette dynamique indispose sa mère à son endroit, se sentant menacée dans son rôle de compagne pour Hans.

Convertie dans l'église qui prend place à la maison, le Pasteur a toujours un regard de bonté sur Irène. Il prend soin d'elle comme un bon berger de sa brebis. Hildegard, la fille du pasteur, devient son amie. Âgées toutes deux de 14 ans, elles développent une belle complicité. Ce qui fait dire à Irène que cette affection est un instrument de guérison divine pour son cœur endeuillé par le décès de sa précieuse Alice. Elle retrouve donc avec Hildegard la douceur de l'amitié et sa belle folie. Et tout autant le courage et le loisir de faire confiance à nouveau.

15 ans. Un temps privilégié avec son père.

Hans, malade, demeure à l'hôpital presqu'une année entière. Afin de payer les frais de cette hospitalisation, il la mandate pour prendre contact avec un acheteur de bois. Ainsi, la vente de ses grands noyers, produisant les noix de Grenoble, fournira le revenu nécessaire aux frais encourus. De ce fait, Irène active son talent en commerce.

Ses parents veulent qu'elle apprenne le français tout en résidant comme aide dans un foyer de groupe pour personnes âgées. Mais les gens à la tête de ce lieu ont plutôt exploité les sept jeunes filles pour les faire travailler auprès de leur clientèle. Malgré tout, elle apprend quelques rudiments du français avec l'appui d'un résident qui consent à leur enseigner des verbes.

Elle occupe par la suite un emploi comme aide auprès des enfants dans une famille de commerçants en photographie. Leur studio est à Lausanne.

De retour à la maison, après des mois occupés, elle fréquente une école de la ville de Bern. Elle est là, une demi-année, pour maîtriser la couture.

Le premier été au retour de l'hôpital de son père

Le médecin traitant prescrit à son père trois semaines en montagne pour soigner son embolie pulmonaire. Il se rend donc à la pension Hari, un sanatorium dans la région d'Adelboden. Irène passe donc les vacances avec son père qui doit laisser son rôle de maire de Worb et d'agriculteur. Ils font ensemble de longues promenades chaque jour. La nourriture est excellente et, à chaque repas, on offre un dessert au grand délice de l'adolescente ! Ces semaines deviennent précieuses pour Irène. De cette séquence, Irène rapporte une immense bible en allemand, cadeau d'une vieille dame aveugle qui vit près du sanatorium. Cette femme, Emma Schmit, est la première sage-femme du village d'Adelboden.

Madame Schmit, Clara, tante et grands-parents Hofmann, et Hans Hofmann.

Les mots de la dame résonnent encore quand elle la regarde :

« Jusqu'à présent, personne n'était encore venu qui avait un intérêt pour cette bible. Toi tu es la seule qui a lu dedans. Maintenant, prends-la ! »

Irène accepte le cadeau avec reconnaissance. Ce puissant et précieux livre lui apportera sagesse et réconfort. Cette bible la suivra partout dorénavant.

« Toi tu es la seule qui a lu dedans. Maintenant, prends-la ! »

17 ans. S'auto-éduquer pour survivre

De retour à la ferme, ses parents veulent lui faire vivre un stage chez des cultivateurs pour apprendre la cuisine et l'entretien ménager. Son père cherche une place pour elle. Mais sa mère ne les accompagne pas. Irène devine que ce retrait en est un de prudence : insécurisée par ses mauvaises décisions du passé, elle laisse Hans choisir, pour leur fille, le foyer approprié.

Irène et son père se comprennent même sans se parler. Emma le constate sans effort. La relation entre les deux femmes est réservée et leur rapport prend des allures de compétition, pour le compagnonnage d'affaires avec Hans. Irène ne peut compter sur Emma pour être conseillée et dirigée comme jeune femme.

Bien que sa grand-mère maternelle soit décédée, les gens du village lui rapportent tellement de faits et de bienfaits à son sujet, qu'Irène la choisit comme modèle féminin. Et comme mentor, son père qui en porte l'éducation et la culture.

Emma garde ses moments de qualité pour son fils Walter et sa fille Ursula. Tous deux sont plus jeunes qu'Irène. Le même esprit de jalousie anime Emma envers les deux sœurs d'Hans avec lesquelles il partage une harmonie filiale. Hans est leur conseiller pour certaines décisions. L'une est mariée mais sans enfant et l'autre est célibataire. Emma se sent isolée dans cette dynamique où son tempérament renfermé est nourri par l'amertume.

Hans, ses sœurs et son beau-frère.

Cette relation privilégiée avec ses deux sœurs confine davantage Emma dans son mutisme et sa solitude. Ceci entretient la dureté d'Emma qui ne démontre pas beaucoup de patience ni avec Irène ni avec les jeunes femmes qu'elle accueille à la ferme. Elle a le mandat de les former comme agricultrice.

Mais Irène n'approuve pas toujours les choix de son père dans ses priorités familiales. La jeune femme voit bien que sa mère est délaissée. Certaines situations la chagrinent. Une fois, comme Hans possède une voiture, la famille planifie de faire ensemble un voyage pour se rendre à un mariage dans une ville nouvelle. Il fera monter ses sœurs et son beau-frère en auto avec lui et c'est Emma qui fera le trajet en train, puis en autobus jusqu'au lieu désigné. Le double du temps et certainement de fatigue pour elle. La mère négligée et rejetée cumule les frustrations et les sème au passage.

Irène se tient en garde de reproduire ce genre d'attitude destructrice. Sa foi s'active en ce sens. Elle est humble devant Dieu pour cette décision qu'Il honore. Irène est la première à reconnaître que, sans la grâce de Dieu dans sa vie, sans la nouvelle naissance, elle est impuissante pour vivre la libération de ses blocages et la distanciation avec le comportement de sa mère, blessée par le favoritisme de son père. La chrétienne s'attarde aux promesses qui s'adressent aux changements de l'être entier. Promesses pour tous ceux qui croient en la justice manifestée en Jésus-Christ seul. Il doit y avoir un changement, un avant et un après. Nous ne sommes plus la même personne. Nous n'avons pas à nous soumettre continuellement aux mêmes défaites. Elle en fait le leitmotiv de sa vie.

Elle combat l'isolement et le découragement par la lecture et amorce une forme de relation d'aide envers elle-même. Elle ne bénéficie pas de relation d'aide officielle par des spécialistes dans les moments les plus troubles de sa vie. Mais, déterminée et brillante, elle emprunte des livres à la bibliothèque du village pour s'auto-éduquée en quelque sorte. Elle lit dans sa chambre jusqu'aux petites heures du matin.

Son père, qui se lève parfois en pleine nuit pour intervenir dans son cheptel, avait constaté que la chambre d'Irène était éclairée souvent très tard. Il la menace affectueusement :

« Si tu n'arrêtes pas de lire tout de suite je vais couper l'électricité ! » disait Hans à sa fille.

Inquiet qu'elle ne dorme pas suffisamment, il concède volontiers que cette autonomie intellectuelle est une part de son legs paternel. Il en est fier.

Irène croit : Dieu seul m'a guérie. Elle connaît des philosophies d'église qui classent la psychologie comme un démon à combattre et surtout à ne pas côtoyer. Autodidacte par ses lectures, elle considère ses capacités intellectuelles remarquables comme un cadeau de Dieu. Elle lit beaucoup de livres de développement personnel à la cachette, parfois jusqu'à deux ou trois heures du matin.

Déjà, jeune fille, elle lit et classe ce qu'elle comprend. Elle s'approvisionne parfois à la bibliothèque du village. De plus, une dame, vivant dans un manoir, lui prête beaucoup de livres à son plus grand bonheur. Une autre dame dans ce même hameau de Richigen, célibataire, qui travaille au bureau de postes, devient une de ses ressources afin d'abreuver ses connaissances. Elle possède beaucoup de livres et prend plaisir à les prêter aux bons soins d'Irène. La jeune fille les emprunte par lot de cinq et les rapporte une fois lus en entier. Elle dévore ces bouquins et retient ce qui est bon pour elle. Ce stratagème l'équipe progressivement pour faire face au présent, guérir le passé et imaginer un avenir.

Un trait de son caractère défricheur dont elle remercie sa grand-mère. Comment cette femme qu'elle n'a pas connue, peut-elle lui manquer autant ? Elle représente un idéal de douceur et une source de sagesse. Et, à l'aube de l'âge adulte, elle en a bien besoin. Heureusement, son père fait la rencontre de la famille Balzli. Hans conclut avec eux le lieu du prochain stage pour sa fille. Le cœur de ces gens apporte à Irène une vision nouvelle de ce que peut être une dynamique familiale.

Hans et Julia Balzli en 1954.

1954. Une bouffée d'air frais : les Balzli

Irène passera donc toute une année chez la famille Balzli. Il est si important pour Irène de ne pas se retrouver en otage entre mère et fille ou entre des femmes d'un même clan. Son séjour dans la maison habitée par six femmes l'avait laissée prudente. La famille choisie vit dans le village de Deisswill, dans le Canton de Berne.

Hans et Julia Balzli sont dans la jeune trentaine. Ils forment un couple magnifique, d'une gentillesse authentique. Julia est enceinte de leur troisième enfant. Ils vivent sur une ferme moins moderne que celle des Hofmann. Irène a sa chambre dans la maison de la grand-maman Balzli, située de l'autre côté de la maison. Elle est donc en selle pour apprendre le jardinage, quand et quoi semer, comment soigner les poules pondeuses, soigner les cochons, faire les foins et comment engranger les récoltes d'automne, de la pomme de terre jusqu'au blé et bien d'autres céréales. Irène reçoit en 1954 le salaire de 100 $ par mois. De plus, la grande complicité du couple et leur affection mutuelle, librement démontrées, scellera un modèle marital pour la jeune Irène.

Leur bonté exceptionnelle ébranle pourtant Irène dans sa foi. Comment une personne non-chrétienne peut-elle être aussi bonne ? Cette question jaillit dans sa tête au moment où elle est témoin d'un litige impliquant Julia et sa belle-mère.

Enceinte, Julia attend avec hâte que les épinards arrivent à maturité. Elle anticipe le moment de la dégustation pour revigorer son corps sollicité par la maternité. Elle formule souvent à voix haute ce désir. Au jour de la cueillette, grand-mère Balzli se précipite dans le champ de pousses, les cueille toutes sans exception et les apporte à... la belle-sœur de Julia, sa fille ! Irène, témoin outrée, regarde Julia qui exprime son pardon sans hésitation.

De plus, Julia ne fait aucune remarque désobligeante à sa belle-mère à ce sujet.

Cette attitude exemplaire fit une impression si forte sur Irène qu'elle doute soudainement de la nécessité du salut pour être « bonne ».

Devant son questionnement, un pasteur lui partage comme réponse :

« Oui ça arrive, il y a des gens qui viennent sur terre et qui sont de bonnes personnes parce que dotées d'un bon caractère. Mais ressentent-ils un besoin de Dieu ? Sont-ils plus susceptibles de passer à côté du salut... La foi est pour ceux qui prennent conscience de leur désir de plaire à Dieu. Mais tout autant de leur incapacité naturelle à se comporter comme tel. Croire au sacrifice de Jésus-Christ est la clef. Il nous libère des chaînes qui menottent notre volonté et notre capacité à faire le bien. Gloire à Dieu ! Nous devenons une nouvelle créature équipée pour bénir. »

Irène souscrit à cette compréhension.

Julia Balzli en 1954.

Un jour Irène discute avec Julia de la foi. Et Julia exprime que sa foi est différente de celle d'Irène. Mais Julia, admirative, lui confesse :

« Ta foi est plus forte que la mienne. »

Irène n'oubliera jamais cette phrase qui devient pour elle un encouragement et une confirmation.

Un mauvais pressentiment et la protection divine

Irène est logée dans la maison de la grand-mère Balzli. Elle occupe la chambre au 2e étage et s'y repose bien, au point de ne jamais fermer sa porte, même pour bénéficier d'un sommeil profond. C'est un endroit où elle se sent bien et satisfaite de ses journées. Mais, un soir, de façon inexplicable, une peur nouvelle la tenaille et la paralyse dans son lit sans explication aucune. Une voix en elle lui dit qu'elle doit maintenant fermer sa porte et la barrer à double tour. Ce qu'elle fait avant de retourner dans son lit et de s'endormir. Au milieu de la nuit très sombre, elle est réveillée par de grands coups dans sa porte. Un des employés des Balzli est derrière et frappe avec grand bruit pour tenter de s'introduire dans la pièce avec l'intention d'en abuser. Il est si déterminé que le bois de la porte courbe sous ses coups mais la porte ne cède pas. Irène est pétrifiée par la peur. Heureusement, il finit par abandonner et partir. Le lendemain, outrée et ébranlée, Irène s'adresse à la grand-mère concernant cette situation :

« Je vais faire tout le travail du matin, mais cet après-midi je quitterai à vélo et je ne travaillerai plus ici. »

Ce n'était pas la première fois qu'Irène avait à mettre ses limites face à cet homme. Car un matin d'hiver froid, alors qu'elle transportait des bidons d'eau lourds dans chacune de ses mains, il en avait profité pour mettre les siennes sous la jupe de la jeune femme. Elle s'en était plainte aux Balzli qui n'étaient pas intervenu sérieusement. Mais cette fois, sans la prévention extraordinaire qu'elle avait reçue, et l'obéissance déployée, elle aurait été victime de ce prédateur. La grand-mère Balzli se rend chez son fils. Hans Balzli est déjà sorti mais Julia est encore au lit. La grand-mère informe sa belle-fille du méfait. Cette fois le couple prend la chose en main et l'homme est sévèrement averti. Dorénavant, tous les stagiaires des Balzli logeront avec eux et non plus chez la grand-mère. Ils convainquent ainsi Irène de rester. Elle ne fut plus victime d'aucune tentative de la part du jeune homme.

À la fin du stage, un an plus tard, Irène passe haut la main un examen pratique pour toutes les compétences acquises.

1955. 18 ans mais pas encore majeure

C'est le retour à la ferme. La santé d'Hans se fragilise. Les besoins sont grands sur la ferme de Richigen. Ils sont les seuls du village à avoir le téléphone et une voiture, même un tracteur. Son père lui apprend à conduire, opportunité rare pour une femme de l'époque. Irène obtient donc son permis de conduire et devient ainsi la première femme du village à en bénéficier ! Comme l'exploit est connu, beaucoup de concitoyens lui demandent de les transporter vers un hôpital pour accoucher par exemple, ou d'autres besoins semblables. Ce qu'elle fait avec joie.

Hans approuve le choix personnel de sa fille de parfaire sa formation de gestionnaire. Ce n'est pas le cas de sa mère, parce qu'elle considère cela comme une dépense farfelue. Son père l'encourage : « Tu as bien réussi cette année de formation, je te paye ton école de commerce ! »

À l'automne 1956, Irène commence donc la formation en commerce à Bern. Utilisant tantôt le vélo, tantôt le train et la marche, elle se rend à ses cours à L'École de Commerce et de Transport.

Irène, les yeux au sol, avec ses collègues de l'École de Commerce et de Transport (1956).

Ces six mois d'études furent de beaux moments. Elle a appris la comptabilité, le français et l'italien. La jeune femme réussit, encore là, toutes les évaluations avec succès. Hans éprouve une grande fierté devant les résultats de sa fille bien-aimée.

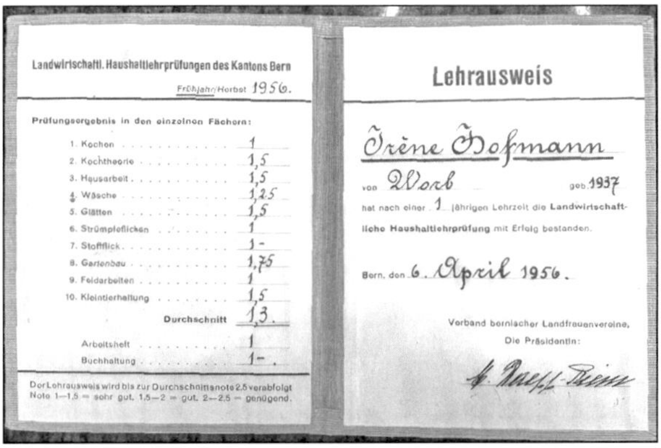

Landwirtschaftl. Haushaltlehrprüfungen des Kantons Bern

Frühjahr/Herbst 1956.

Prüfungsergebnis in den einzelnen Fächern:

1. Kochen	1
2. Kochtheorie	1,5
3. Hausarbeit	1,5
4. Wäsche	1,25
5. Glätten	1,5
6. Strümpfeflicken	1
7. Stoffflick	1-
8. Gartenbau	1,75
9. Feldarbeiten	1
10. Kleintierhaltung	1,5
Durchschnitt	1,3.
Arbeitsheft	1
Buchhaltung	1-.

Der Lehrausweis wird bis zur Durchschnittsnote 2,5 verabfolgt
Note 1—1,5 = sehr gut. 1,5—2 = gut. 2—2,5 = genügend.

Lehrausweis

Irène Hofmann

von Worb geb. 1937

hat nach einer 1 jährigen Lehrzeit die Landwirtschaftliche Haushaltlehrprüfung mit Erfolg bestanden.

Bern, den 6. April 1956.

Verband bernischer Landfrauenvereine,
Die Präsidentin:

DIPLOM

DER
HANDELS- UND VERKEHRSSCHULE
BERN

DIE UNTERZEICHNETEN
VERABFOLGEN DIESES DIPLOM
FÜR DEN

HALBJAHRESKURS

VOM 23. Oktober 1956 - 22. April 1957
AN Frl. Irène Hofmann von Worb,

BERN, DEN 22. April 1957 DURCHSCHNITT: 5,11

DIE LEHRERSCHAFT DIE DIREKTION

1957. Les ravages de la maladie

Hans Hofmann fait régulièrement des visites par compassion dans les hôpitaux. Ayant été hospitalisé lui-même, il comprend la douleur et le défi des gens affaiblis par la maladie.

Un dimanche de janvier 1957, alors qu'il visite des malades, le médecin l'observe et s'inquiète de son aspect émacié. Il l'invite à venir le voir dès le lendemain pour un examen. Hans se présente à son rendez-vous. Le médecin le garde à l'hôpital de Grosshöchstetten. Puis on le transfère à Bern au centre hospitalier Tiefenau.

Irène, toujours à l'école de commerce, profite de ses heures de dîner pour visiter son père hospitalisé. Jeune femme allumée, elle constate que les marques du tableau de soins n'ont pas été placées au même endroit que les jours précédents. Elle rattrape l'infirmière qui se limite à dire qu'elle n'a pas le droit de divulguer ces informations.

« Je veux savoir ! Je veux parler avec le médecin. » rétorque Irène.

Elle reçut donc le verdict de la bouche du médecin qui hésitait devant son jeune âge. En Suisse, à cette époque, la majorité est à 20 ans.

« Il ne vivra plus longtemps, quelques semaines encore. » Ébranlée mais vive, elle lance : « Mais mon père préférerait mourir dans un hôpital plus près de chez-nous. »

Le médecin compréhensif acquiesce :

« Alors, si vous le voulez, vous pouvez le transporter dans un autre hôpital. »

Elle s'investit de cette charge et s'organise. Elle fait monter Papa Hans dans la voiture. Ils font un détour par la ferme. Les employés entourent le véhicule et saluent une dernière fois de leurs larmes leur patron bien-aimé.

Puis, elle le ramène à Grosshôchstetten. Emma peut ainsi aller le visiter. Il n'en sortira jamais. Il décède le 24 mai 1957.

Hans Hofmann décède à l'âge de 57 ans. Emma Burki à l'aube de ses 56 ans (1957).

Emma devient veuve à l'aube de ses 56 ans. Walter a 17 ans. Ursula 10 ans, vit avec la peine de ne pas avoir de souvenir d'un père en santé. Irène aura 20 ans bientôt, mais doit renoncer à faire sa propre vie malgré son diplôme de commerce en main. Sa mère, seule devant tant de responsabilités, insiste auprès de sa fille pour de l'aide dans la gestion des employés et des tâches. Déçue mais docile, la jeune femme accepte ce rôle. Elle doit donc patienter jusqu'à la fin du service militaire de son cadet, additionné aux années requises pour que Walter puisse recevoir une formation comme fermier. Le compte est interminable : elle devra attendre cinq ans pour pouvoir quitter cet endroit qui l'emprisonne.

Oui, un interminable cinq ans pour une jeune femme qui rêve de tout sauf de gérer une ferme.

Mais Dieu...

Irène sur la ferme après le décès de son père.

Gestionnaire de la ferme Hofmann

Emma, endeuillée, s'appuie sur le travail démesuré de la ferme pour supporter sa douleur jointe à la solitude. A-t-elle vraiment le choix ? Elle doit assurer sa survie et celles de ses adolescents. Depuis sa conversion, il y a 18 ans, Emma vit le rejet de sa famille, les Burki. Ses frères ont honte que leur sœur laisse l'Église Protestante traditionnelle pour se réfugier dans la foi évangélique. Elle ne reçoit d'eux aucun soutien. Mais, heureusement, sa grande sœur Marie, plus conciliante, apporte un peu de douceur et de réconfort à Emma. Des chrétiens de l'assemblée évangélique se proposent aussi pour soutenir la famille, dont la précieuse famille Aeschlimann. Emma et Irène connaissent cette famille, parce que le fermier, au cœur de pasteur, enseigne de temps en temps des études bibliques. Il prend parfois la parole aux réunions qui se tiennent à la ferme Hofmann les dimanches après-midi. Rudolf Aeschlimann prêche aussi à l'occasion dans les églises évangéliques de Suisse.

Mina et Rudolf Aeschlimann autour de 1955.

La famille Hofmann et des employés travaillent au champ.

CHAPITRE 4

La maisonnée Hofmann-Aeschlimann

Irène se surprend à sourire quand elle repense au premier jour passé avec Otto Aeschlimann, devenu son époux depuis. Avant son mariage, Otto avait occupé, avec succès, le travail de gardien à la prison de Thorberg.

Le jeune couple Aeschlimann gère et travaille, avec Emma, sur la ferme familiale des Hofmann.

Ils habitent ensemble cinq ans. Irène aura donc passé sept ans à la ferme depuis la mort de son père. Dieu, dans sa bonté, utilise le jeune homme pour bénir et restaurer cette famille et leur permettre de vivre un nouveau chapitre de leur histoire.

Des prisonniers en visite

Il n'est pas rare de voir des prisonniers qui, une fois libérés, viennent à la ferme pour les saluer. Une affection sincère existe entre Otto et quelques prisonniers. Mais certains se présentent aussi sans invitation. Un après-midi de routine, alors qu'Irène travaille dans le jardin et qu'Otto est absent pour quelques heures, elle est distraite par une voiture rouge qui s'impose dans le paysage. Il en descend un homme qui lui offre son aide pour travailler avec elle, maintenant, car ce soir il est attendu dans un autre canton. Irène acquiesce, toujours dominée par un désir de faire pour le mieux envers son prochain. Ils travaillent donc ensemble tout l'après-midi.

Le soir venu, il part. Irène poursuit sa tâche en allant soigner les cochons. Elle les nourrit dans la porcherie quand l'homme revient tout à coup, prétextant être tombé en panne avec sa voiture. Il dit avoir besoin d'argent pour payer l'essence. Irène, réfléchissant au travail accompli par l'homme tout l'après-midi, consent à lui donner un salaire adéquat. Et il quitte sans plus d'éclat.

Deux heures plus tard, un policier se présente et demande à Irène si elle a aperçu cet homme sur la photo qu'il lui brandit. On le recherche depuis son évasion de la prison de Thorberg. Le policier annonce : « Il s'est enfui, et il a volé une auto. » Irène, éberluée, fait le récit de son travail de la journée avec l'homme qui, bien que fugitif, fut son employé pour quelques heures ! Thorberg avait dans ses murs les prisonniers les plus durs, des criminels assassins. Irène avait agi avec lui avec innocence et le policier ne lui en porta pas rigueur.

Berceau de poupée fabriqué par un prisonnier de Thorberg pour Otto.

1959-1962. Marlyse et Gérard

Irène émerge encore une fois de ses souvenirs. Ses priorités deviennent toutes autres maintenant. Elle plonge dans le présent qui lui rapporte ses nausées nouvelles. Grande révélation : Irène est enceinte ! Elle n'a pas eu à l'annoncer à Otto : ses malaises ont fait les messagers !

Après seulement deux mois de mariage, Irène entame sa première grossesse.

Malheureusement Irène est constamment malade. Elle est prise de nausées du premier au dernier jour et perd du poids. Ce sont neuf longs mois motivés par la joie incommensurable de voir la petite frimousse de son bébé. Est-il possible d'imaginer que même embrasser Otto est une chose repoussante et la rend nauséeuse ? Heureusement, Otto trouve la situation cocasse et se concentre sur sa petite famille à venir. Ces jours sont vécus dans l'inconfort et la faiblesse physique pour sa femme. Elle ne peut presque plus travailler. Elle ne fait pas le poids avec ses 45 kilos. Le jour de l'accouchement, à l'hôpital de Grosshôchstetten, Marlyse vint au monde avec de la difficulté à respirer. Elle est complètement bleue. Elle survit finalement, sans aucune séquelle, en recevant les soins d'un spécialiste appelé en renfort. Nous sommes le 18 janvier 1960. Irène retourne à la maison, mais sera visitée de façon préventive tous les deux jours par son médecin prudent.

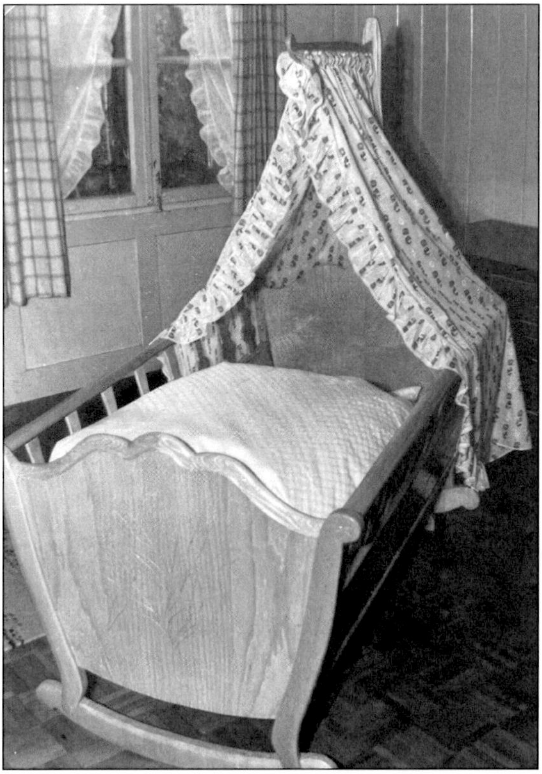

Berceau de la petite famille Aeschlimann.

La joie de présenter Marlyse pour les jeunes parents.

Les quatre générations Aeschlimann (1960).

Irène et Marlyse.

Après la naissance de sa fille, Irène retrouve doucement la santé, bien que cela prenne plusieurs mois. Elle a un nouveau projet en tête : comme elle avait bénéficié d'accompagnent auprès de Julia et Hans Balzli, elle veut à son tour former la jeunesse. Elle s'inscrit donc à des cours pour enseigner aux jeunes filles, comment travailler sur une ferme. Otto, toujours complice, fait de même dans une formation destinée aux jeunes hommes. Emma et Ursula s'occupent avec plaisir de la petite Marlyse. Le programme s'étendra sur une année complète. Irène peut l'envisager étant donné que son mari remplit maintenant la tâche qu'elle faisait sur la ferme. Elle est en quelque sorte dégagée.

Mais, à un mois de la fin de ses cours, elle devient enceinte et retombe dans un état de grossesse avec inconforts.

Otto se questionne et partage sa réflexion au médecin traitant :

« Docteur, comment se fait-il que des médicaments existent pour nos vaches quand elles souffrent lors de leur gestation, et rien n'existe encore pour le soulagement de ma femme ? »

Le médecin de répondre :

« Oui, il en existe, mais je dois la soigner aux deux jours. Elle doit donc terminer sa formation d'abord ».

Le couple consent au délai.

Le médecin qui la traite lui propose des injections par intraveineuses dès que possible. La grande détermination de la jeune madame Aeschlimann l'amène aux trois jours que dure l'examen. Elle doit loger sur place, comme toutes les autres candidates, le temps des évaluations. Son aspect souffrant inquiète ses enseignants. Soupçonnant qu'elle est peut-être en danger à la maison, ils questionnent :

« Est-ce que ça va bien chez vous ? »

Elle les rassure :

« Je ne suis qu'enceinte ! »

N'en étant pas à ses premières armes, Irène réussit haut la main cette évaluation. Une immense fierté l'habite. Ils obtiennent ainsi le statut de formateurs-enseignants à leur ferme. Otto réussira la même formation, une année plus tard.

Diplôme en poche, elle peut donc commencer à recevoir le médicament. La médication qui effectivement la soulage. Elle doit aller chez le médecin religieusement aux 48 heures. Heureusement, Irène vit une grossesse plus douce que la première. Elle remet tout entre les mains de son Seigneur et son Dieu. Elle trouve un repos en s'imaginant dans les bras divins. Dieu l'aide à traverser les obstacles insurmontables, tout comme autrefois son père Hans l'avait aidé : comme fillette, elle s'était retrouvée si désemparée, battue d'avance par la distance à parcourir avec ses yeux de cinq ans, alors qu'elle devait livrer une lettre chez un voisin. Papa Hans, mesurant son désarroi, la suivait de loin à vélo. Quand il considéra que c'était la limite des capacités de sa fille, il la souleva et l'installa sur la barre de son vélo ! Ils firent ensemble le chemin nécessaire.

Aujourd'hui, son Papa céleste lui permet de gagner le combat qu'elle a à livrer comme mère. L'enfant est vibrant de vie. Dieu soit loué, même l'accouchement du garçon de trois kilos à trois heures du matin le 3 mai 1962, se déroule plus naturellement que le précédent. On le prénomme Gérard. Le nom Aeschlimann est assuré par la naissance du premier fils. L'atmosphère de la ferme Hofmann est égayée par la venue de la nouvelle génération.

Gérard vers 3 ans.

1963-1964. Wiedlisbach

Marlyse, douce et tranquille, a 4 ans. Gérard plein d'énergie en a 2. Ursula a 18 ans et Emma 63. Irène atteint ses 26 ans et Otto ses 32 ans. La ferme de Richigen abrite encore toute la famille.

Walter a 24 ans et a enfin complété sa formation d'agriculteur pendant les deux derniers hivers. Il a aussi terminé son service militaire, ce qui le rend disponible pour reprendre la ferme. Il ne devra s'absenter que trois semaines par année pour sa participation militaire obligatoire. Le nombre d'employés à la ferme est suffisant.

Les assemblées de l'Église continuent chaque mois dans un des bâtiments de la ferme Hofmann. Emma souhaite que le couple et Walter prennent l'entreprise ensemble.

Mais, Irène et Otto sentent que c'est un bon moment pour quitter la ferme familiale. Ils ont donc cherché un endroit qui leur conviendrait. Enfin s'épanouir ailleurs ! Irène se réjouit. Eurêka ! Ils vont pouvoir laisser l'agriculture ! Année après année, elle garde discret son désir de vivre autrement, faire autre chose, ailleurs.

Otto scrute les journaux. Peut-être y a-t-il quelque chose d'intéressant pour eux, un espace nouveau pour s'établir et travailler. Finalement, une annonce dans un quotidien attire l'attention du lecteur : un centre de soins pour personnes handicapées et personnes âgées cherche un maître-agriculteur pour gérer la ferme de l'hôpital. Ce centre compte plus de 450 bénéficiaires et la ferme en est le pourvoyeur alimentaire. La section agricole compte une trentaine d'employés qu'il faut gérer. Et certains bénéficiaires, selon leurs capacités, participent également au maintien de celle-ci. C'est dans la ville de Wiedlisbach, à une heure de Richigen.

L'expérience d'Otto en agriculture et en ressources humaines, celle d'Irène en gestion et en pédagogie, font d'eux les candidats parfaits pour ce poste.

Ce qu'ils obtiennent le 18 janvier 1964. Le même charisme, qui avait opéré chez les prisonniers, permet de tisser des liens rapidement entre Otto, ses employés et les pensionnaires.

Son humilité et son ouverture d'esprit en font un modèle pour Irène, même dans la gestion des relations interpersonnelles. Son cœur pour Dieu et son désir de prendre soin sont encore révélés. Il visite, dans ses temps libres, les pensionnaires plus malades qui ne peuvent sortir de leur chambre. Irène est heureuse de voir son mari épanoui. Une seule ombre au tableau : le directeur de la propriété prend en aversion Otto, jaloux de sa popularité auprès des gens. L'administrateur au caractère mesquin, contrôlant et diviseur, se sait impopulaire. Plus d'une fois, il lèse le couple dans son droit et dans son salaire. Les Aeschlimann pensent parfois à quitter ce patron intraitable, mais sans conviction, étant trop attachés à leur nouvelle communauté.

Toutefois, Otto Aeschlimann nourrit doucement un rêve dans sa tête : tout laisser et partir vivre en Australie, ne plus être locataire, mais propriétaire d'une ferme enfin !

1964. Martin

Irène est enceinte pour la troisième fois. Éloignée géographiquement de son médecin bienveillant, Irène doit supporter une faible santé avec des changements hormonaux pénibles, sans médicaments intraveineux cette fois. Le médecin du village ne connaît pas ce traitement et la santé de notre héroïne se dégrade de jour en jour. Elle contacte trop tard son médecin de Grosshôchstetten, qui ne peut que la faire hospitaliser en urgence devant la gravité de son état.

Dès le quatrième mois de grossesse de son deuxième garçon, Irène doit rester à l'hôpital pour plusieurs semaines. Alitée, affaiblie, mais surtout privée de Marlyse et Gérard. Les tristes petits sont placés en pension, plongés dans une incompréhension totale. La désolation pointe de nouveau son nez dans la vie d'Irène. Emma, trop usée et trop loin, n'est d'aucun secours.

Bien déterminée à reprendre des forces, Irène reçoit avec reconnaissance les soins et collabore de son mieux. Ses larmes et celles de ses enfants se rejoignent à la tombée de la nuit, quand les bruits autour s'arrêtent et que les souvenirs montent. Oh ! Elle aurait bien aimé qu'Otto les amène lors de sa visite hebdomadaire… mais l'anticipation de la séparation à la fin de la journée et les pleurs déchirants de ses amours sont plus que ce qu'elle peut supporter en ce moment. Dieu merci, son cœur trouve un nouvel élan chaque fois qu'elle entend les pas fermes d'Otto au bout du corridor ; et sa voix chaude saluant le personnel infirmier, tous sans exception, jusqu'à sa chambre. Oui, elle retournera aussitôt que possible à la maison de Wiedlisbach. Elle obtient son congé après trois longs mois d'hospitalisation.

À son retour, traumatisé, Gérard ne quitte plus sa mère des yeux. Même un bref déplacement, d'une pièce à l'autre, le remplit de la crainte qu'elle ne revienne plus. Marlyse, moins expansive, apprécie la tendresse démontrée par sa mère. Irène poursuit sa grossesse aussi prudemment que sa situation l'y oblige. Martin naît le 6 décembre 1964. Même si le méconium du bébé, répandu dans le corps de la mère, tend à montrer des signes d'empoisonnement chez Irène, la mère et l'enfant s'en sortent indemnes.

Martin toujours souriant.

Gérard, Martin et Marlyse (1965).

La vie continue sur la ferme de Wieldlisbach. Les conditions de travail sont difficiles pour la femme. Contrainte de devoir travailler pour rapporter un salaire, Irène distribue les vêtements pour les 450 pensionnaires, une fois que des employées les ont lessivés. Elle distribue le linge les jeudis et fait la collecte du linge à laver les vendredis. Elle est mal installée dans une pièce mal chauffée et craint pour ses trois petits qui jouent sur le sol glacial. Le directeur s'affermit dans sa gestion despotique. Il fait pression sur eux parce que les Aeschlimann refusent de prendre leurs repas avec les pensionnaires et les employés dans la salle à manger. Pour Irène, il est vraiment important de créer enfin un noyau familial dans sa maison. Elle tient absolument à prier avec ses enfants avant de manger et à bénéficier d'un espace privé pour leur transmettre ses valeurs chrétiennes. Le manque à gagner vient donc de la négligence du directeur à rembourser l'argent des repas. Ce qu'il ne fera jamais.

Irène cherche un soulagement, un encouragement divin, devant ses inquiétudes grandissantes. Elle lit un texte qui lui fait du bien :

> **De quoi te soucies-tu du matin jusqu'au soir, avec tant de fardeaux et de peine ? Pourquoi ne les apportes-tu pas à Dieu qui peut t'aider ?**
> **Garde confiance !**

Interpellée et touchée au vif par ce texte, Irène prie :

« D'accord mon Dieu ! Tu es vraiment là et tu as tout entre tes mains ! Alors je veux vraiment observer comment tu vas résoudre ce problème de plancher froid. Je ne sais pas comment tu vas arranger ce problème, mais j'ai vraiment hâte de voir ! ». Cette prière allège son cœur et elle goûte un soulagement surnaturel.

Août 1965. Erlach

Irène reçoit un téléphone qui l'informe qu'un événement important est arrivé sur une ferme à Erlach. Cette ferme du Canton de Berne est disponible pour une location, le dernier occupant de 26 ans est mort dans un grave accident. Sa veuve est prête à vendre les outils, n'étant pas propriétaire. Cette entreprise, à louer, appartient à un notaire-avocat de la région. La terre agricole et les bâtiments sont disponibles pour être pris à contrat immédiatement. La voix au téléphone intrigue Irène. À l'autre bout du combiné, un jeune homme sensé, lui propose d'acheter les outils agricoles et, peut-être, en envisager la location inopinée :

« Êtes-vous intéressés, Mme Aeschlimann ?

- Oui on aimerait bien changer de place, mais on ne cherche pas en agriculture !

- Ce n'est pas ce que vos amis m'ont dit. Lors de leur visite chez vous, au centre d'accueil, la semaine dernière, ils trouvaient que votre sort était triste et que vous n'étiez pas pleinement heureux de vos conditions de travail. Ils ont dit que si vous pouviez changer de place, vous le feriez !

- Comment avez-vous rencontré la famille Moser ? Qui êtes-vous en fait ?

- Nous effectuions un travail près de chez eux et la pluie a commencé. Nous nous sommes réfugiés dans leur garage. Bon an, mal an, nous avons demandé comment vont les Aeschlimann... Et voilà... J'ai pensé que... Je suis le neveu du fermier décédé, malheureusement emporté car électrocuté. Je pensais qu'une telle offre d'acheter de l'équipement de ferme vous intéresserait. Et peut-être de louer la ferme du même coup.

- Nous ne cherchons pas en agriculture ! Je ne veux rien savoir de cela ! lance Irène avec fermeté.

- J'insiste, Madame, vous feriez d'excellents gestionnaires pour cette ferme... Vraiment, prenez le temps de réfléchir et on se reparle. Qu'en dites-vous ?

- Nous ne cherchons pas... Mais voilà le numéro de téléphone de mon mari et vous pouvez parler avec lui.

Les deux hommes se rejoignent dans la minute.

Irène espionne la conversation en ligne. Après discussion et insistance auprès d'Otto, le neveu obtient une réponse ouverte :

- C'est bon, la semaine prochaine j'irai visiter cette ferme avec mon père et on verra » conclut Otto.

Irène ne sait trop que penser, être fâchée contre Otto ou être heureuse de quitter ? Elle lève les yeux et le cœur vers le ciel. Sa théologie a besoin d'être fortifiée en ce qui a trait à la bonté de Dieu. Pourquoi ne serait-ce pas sa volonté de renoncer à être fermiers ? Et si Dieu lui demande le contraire, si elle doit encore être fermière, quelle révélation fraîche viendra adoucir son avenir ? Quelqu'un a dit : Il n'y a pas de théologie sans pratique, mais il n'y a pas de pratique sans théologie. Dans sa tête, tout se bouscule. Elle continue de prier pour que le Père leur indique leur place de façon incontournable. Les jours suivants, Irène a une vision pendant son sommeil : elle voit son mari tomber du deuxième étage de la grange de Wiedlisbach. Elle crie en dormant :

« Ô Dieu ! Protège mon mari aujourd'hui ! »

Au petit matin, ébranlée, Irène balaie ces images troubles et entame sa routine. Otto se demande bien quel cauchemar lui méritait une prière criée en pleine nuit !

La semaine suivante, le couple et Grand-père Rudolf Aeschlimann se retrouvent à la ferme délaissée depuis la mort du dernier locataire. Elle arbore, en effet, un air d'abandon par le départ des anciens occupants. Après les foins, la ferme, négligée, ne reçoit que les soins minimums pour les animaux. Tout est à guérir.

Dans les jours suivants, alors qu'elle revient d'une visite chez le pédiatre avec Martin, Irène est accueillie nerveusement par des employés du centre. Ils la somment de se rendre à l'hôpital : Otto est tombé du toit et il a une commotion cérébrale avec des fractures. Il gardera le lit trois semaines. Il doit envisager plusieurs mois de convalescence. Otto ne délaisse pas pour autant la possibilité de louer la ferme d'Erlach.

Irène n'en croit pas ses oreilles : Otto acquiesce à la proposition de faire une démarche pour postuler ! Ils se rendent chez le notaire-propriétaire pour remplir leur candidature. Une quinzaine de familles font le même exercice. Ils sont le couple choisi ! Irène doit-elle se réjouir ou s'alarmer ? Elle doit encore lâcher prise : n'avait-elle pas prié d'être délivrée de l'inconfort de Wiedlisbach ?

Abasourdie et amusée, elle regarde les deux hommes qui tentent de se serrer la main. Car c'est comme ça, les deux avant-bras plâtrés jusqu'aux coudes, qu'Otto se présente pour poser sa candidature, la tête encore enrubannée, et c'est eux qui remportent le poste… Vraiment Dieu ? Tes voies sont différentes de celles des humains ! Et cette incohérence est criante de clarté ! La femme est apaisée et plus confiante dans le rôle choisi pour elle, par Dieu lui-même.

À Erlach, Irène utilise ses talents de gestionnaire pour acheter l'inventaire des outils de la veuve sous les regards attentifs d'Otto et son père. Elle note tout. Cet équipement légitimement acquis leur permet d'envisager devenir propriétaires ultimement.

Dans leur logement de Wiedlisbach, le bruit des trois enfants est supportable pour la mère, mais devient un irritant pour Otto qui a besoin de repos. Le mercenaire, qui dirige au centre, apprend leur départ et ne versera pas l'argent dû, ni ne reconnaîtra le congé de maladie d'Otto. Il appelle ça des vacances. Triste de laisser des amis, mais soulagée de quitter une si mauvaise gestion, la famille part enfin après 21 mois de service. Ils emménagent à la ferme d'Erlach le 1er octobre 1965.

Petite maison abritant le four pour cuire le pain.
Les enfants et leur chien.

Ferme louée à Erlach dès octobre 1965.

L'ancienne locataire, dans sa détresse, a tout vendu ce qu'elle pouvait. Il ne reste que des choux et des patates à cochons, plus juteuses que celles destinées aux humains. Même le foin manque pour les animaux.

Inquiet, Otto constate que les vivres se raréfient. Il est bon temps de prier que Dieu pourvoie. Irène a, en effet, acheté l'inventaire de la nouvelle ferme avec son argent reçu du tiers de la ferme Hofmann. Il reste peu pour les besoins quotidiens. L'injustice subie aux mains du grincheux de Wiedlisbach entraîne encore des conséquences.

Mais Dieu pourvoit par des personnes. Les provisions, curieusement, ne semblent jamais diminuer, même s'ils attendent le paiement de lait vendu pendant deux mois.

Heureusement, Irène prend chez elle des étudiants dont une jeune fille, Élizabeth, qui est la fille du Boucher de Loveresse, dans le Canton de Jura. La mère de la pensionnaire montre sa reconnaissance en donnant une pièce de viande par semaine à la famille Aeschlimann. Elle pourvoit la maisonnée et les repas des employés. On mange solennellement ce mets de choix le dimanche.

Le porc, les œufs, le lait, et les confitures maison complètent le menu. On cuit le pain chaque mois. Irène confectionne les vêtements du foyer. Depuis ses plus lointains souvenirs, des étrangers partagent les lieux communs de la maison. Elle ne connaît pas d'autre façon de vivre : de sa grand-mère Lina Hofmann jusqu'à elle, la ferme familiale est l'hôte de travailleurs, pensionnaires et élèves. De plus, sa grand-mère était une famille d'accueil pour une jeune femme vivant probablement avec un des spectres de l'autisme. Elle s'occupait de préparer les agapes du dimanche composées de cacao, de pain et de fromage. Cette femme a vécu dans la maison Hofmann pendant plusieurs années, considérée comme une amie de la famille, même après la mort de la Grand-mère.

Emma Wanner (Eusi), pensionnaire de Grand-mère Hofmann.

Comme son aïeule, Irène pratique aussi l'hospitalité et démontre une grande générosité à divers moments de sa vie d'adulte. Elle ne conçoit pas une maisonnée différemment. Le travail ne l'effraie pas. Otto toujours en convalescence reprend le travail progressivement. Il suit des cours de cuisine pour s'occuper pendant l'hiver.

Labourage de la terre par un des stagiaires, ferme d'Erlach.

Otto à des cours culinaires (1966).

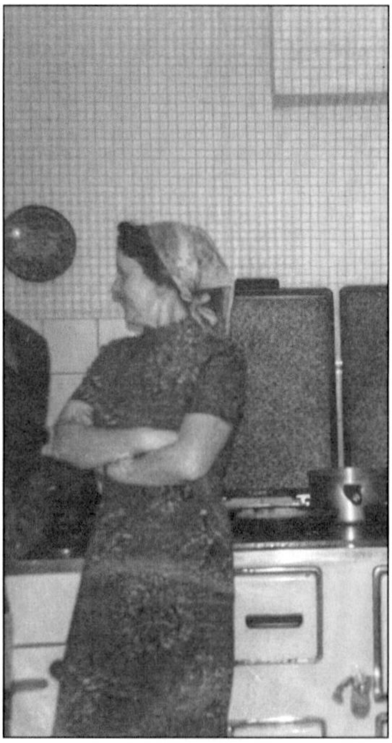

Irène dans la cuisine.

Irène et ses stagiaires pour une année. Chaque fournée compte 40 miches de pain.

Parfois Emma, fatiguée et malade, vient prendre un temps de repos chez Irène et Otto. Elle lui reproche de ne pas être assez sévère avec les jeunes filles qu'elle forme. Pourtant Irène, animée d'un esprit pédagogique, considère qu'elles ont tout simplement le droit à l'erreur et au questionnement. Elle ne veut pas détourner la motivation des jeunes femmes pour apprendre, en une crainte insidieuse de commettre des erreurs et d'en subir les réprimandes. La peur dessine une ombre sur des tâches nobles, les métamorphosant en occasion de jugement paralysant. Irène refuse de reproduire cette approche, dont elle a été victime jeune fille.

Une drôle de visite

À trois kilomètres de cette ferme se trouve une prison de moins haute sécurité que celle de Thorberg, St Johannsen. Le pénitencier près de la résidence des Aeschlimann compte en ses murs une clientèle moins lourde. C'est donc dans ce contexte que, chaque matin, un des prisonniers vient chercher le lait destiné aux détenus.

Un jour, au moment des devoirs et leçons des enfants Aeschlimann, un prisonnier aborde Irène, par la fenêtre ouverte. Il veut lui vendre une paire de souliers qu'il a nettoyée, certes, mais qui compte bien des pas derrière elle ! Irène, ne voulant pas mettre les enfants en alerte, achète les souliers usés pour 20 francs. Une fois le délinquant parti, la police alertée informe Irène qu'ils ont été volés. Elle les redonne, se félicitant de sa prudence envers le vendeur.

Irène agit de bonne foi et cela la garde d'être maladroite ou irréfléchie dans des situations qui, autrement, pourraient dégénérer. Sa compassion pour ces hommes est réelle. Elle n'hésite pas à donner les restes de soupes qu'elle place dans un bol, sur le bord de la fenêtre, pour soulager le prisonnier-laitier du jour.

Irène rit avec soulagement devant les dangers qu'elle a évités le long de sa vie. Elle ne veut pas leur donner trop d'importance. Elle ne les laisse pas atteindre la qualité de ses souvenirs. Et elle assume clairement les coûts inhérents au fait d'être disposée avec bienveillance envers les gens différents.

La famille compte cinq membres en 1966-1967.

Les Aeschlimann vivent toujours avec des convives à la maison. La foi chrétienne d'Irène et d'Otto est visible. Mais peu la partage parmi les gens reçus ; toutefois chacun accepte la prière avant les repas. Élizabeth, une des stagiaires, est chrétienne. Cela ajoute à la douce complicité avec Irène.

Encouragement professionnel

Un été où l'étable est vide, Irène expérimente l'élevage de poules pondeuses et les vend. Ce qui donnera un réel coup de main financier. C'est l'étincelle qui réchauffe enfin l'intérêt de la fermière pour son métier. Et c'est ainsi qu'elle commence à songer pouvoir aimer son travail... Mais la partie ne fait que commencer.

Une fois guéri, Otto peut remercier les employés qui coûtent plus cher et se concentrer sur la formation des stagiaires. Leur salaire étant moindre, ils produisent du bon travail sous la formation soutenue d'Irène et d'Otto. Leur participation active libère du temps à Irène qui a donc le loisir de confectionner des vêtements pour toute la famille. Julia Balzli est une source d'inspiration dans sa manière d'accompagner les jeunes filles et de les encourager par des bons mots durant toute une année. Une belle complicité s'installe entre elles. Elle les forme adéquatement pour la réussite de l'examen ; mais elle leur montre aussi des trucs pour gagner du temps dans son style personnel. Les garçons peuvent rester jusqu'à deux ans. Une seule fois le couple de mentors a dû renvoyer des stagiaires : ils ont été surpris dans le même lit malgré les avertissements. La dernière stagiaire accompagnée par Irène sera reçue en 1975.

1970. Philippe

Irène est confiante sur sa santé. Elle se sent équipée pour vivre une grossesse comme toutes les autres femmes, c'est-à-dire sans problème de santé majeur. Elle tombe enceinte malgré les conseils du médecin. Il l'avait avisée que sa vie pourrait être en danger avec une quatrième grossesse. Les appréhensions de son médecin se matérialisent promptement, et celle-ci suivra le même chemin pénible que les trois autres. Philippe, leur troisième fils, naît malgré tout en très bonne santé, le 30 novembre 1970.

Philippe naît en 1970.

« Vous êtes une fleur qui vit sur un mur »

L'âme d'Irène sera cette fois en détresse. Dotée d'une grande gentillesse, elle attire facilement les confidences, mais elle en accumule aussi la lourdeur. Un rôle souvent exigeant. Très sensible, toujours prête à aider les autres, ne connaissant pas ses limites, Irène devient accablée et captive de ses pensées. De plus, bourreau de travail, elle atteint un état de faiblesse général. Irène s'égare, complètement dépassée. Elle se sent responsable de tout. Sa vie cumule un tel fardeau, épuisée, déprimée, vidée, la femme demande à mourir. Otto souscrit à sa détresse et l'expose à des soins d'urgence. Irène doit être soignée en psychiatrie pour une période de trois mois. Elle a 33 ans.

Elle est traitée à un hôpital suisse français de Neuville. Elle a besoin de silence et de repos. Les chambres individuelles n'existent pas et le dortoir qui l'accueille compte une dizaine de femmes parfois agitées et bruyantes. Elle se sent en prison. Elle considère injuste ce temps difficile qu'elle traverse. Son réflexe est de blâmer Dieu pour ses problèmes :

« Est-ce que c'est ce que je mérite, moi qui ai tellement travaillé, qui me suis tellement oubliée pour aider les autres ? » Surtout, elle doit comprendre la révolte qui monte en elle contre Dieu.

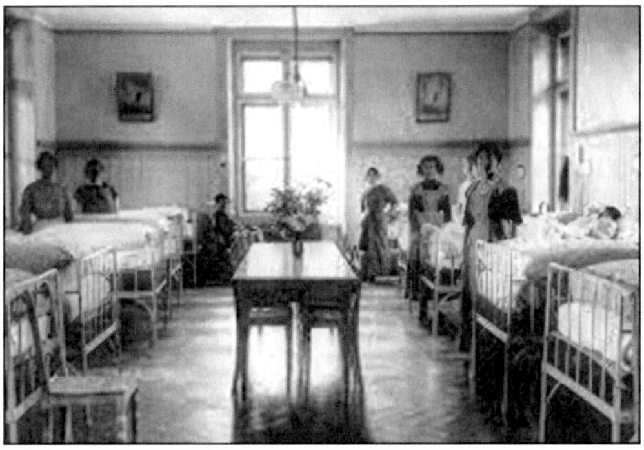

Hôpital de Neuville en Suisse. Source Google.

Sa foi la guide pour faire face à ses propres pensées qu'elle examine avec lucidité. Elle est en colère quand elle se compare aux autres fermiers. Elle juge que tout semble plus naturel chez les autres. Pour elle, toute sa vie doit être menée avec tant d'efforts !

De plus, être soignée en français est un défi pour Irène. Elle a eu quelques cours à l'école de commerce, mais l'étendue de son vocabulaire en français est plus utile aux affaires qu'aux émotions. Toutefois, une phrase du personnel soignant la touche profondément :

« Vous êtes une fleur qui vit sur un mur ! »

Quelle image que celle-là, dessinée en mots par la psychologue de l'hôpital ! Que cette poésie décrit bien toute la dichotomie qui tourmente Irène ! Elle acquiesce complètement à cette illustration et son cœur s'ouvre : ce n'est pas sa personnalité qui doit être changée. En contrepartie, elle peut activer son pouvoir sur le rythme de son milieu de vie. Si elle veut rester vivante, elle a intérêt à garder ses racines bien ancrées dans la bienveillance et la bonté de Dieu. Elle sait que Dieu est souverain et que si la place qu'il a choisie pour elle est le long de ce mur, alors elle est en progression dans son appel pour Dieu. Changer l'environnement n'est peut-être pas possible, mais en percevoir la perspective sous un autre angle peut fort bien être une clé pour son épanouissement et sa liberté. Obtenir, par la foi, la grâce de voir les choses comme Dieu les voit. Et agir en conséquence.

> **Or le Seigneur c'est l'Esprit, et là où est l'Esprit du Seigneur, là est la liberté !**
>
> 2 Corinthiens 2.17. Bible Louis Second.

La honte qui l'habite insidieusement est enfin mise en lumière et perd progressivement de son pouvoir. La relation exigeante avec sa mère, les injustices, le code vestimentaire abusif subit lors de son séjour chez la famille d'évangélistes à l'adolescence, la tentative d'agression chez les Balzli, tout cela lui remonte au cœur, autant que les mois passés aux mains du directeur de Wiedlisbach. Bien qu'elle ait pardonné à toutes ces personnes, toute sa vie elle s'est employée à rencontrer des standards très élevés et elle se met une telle pression pour être parfaite.

Une multitude de questions surgissent :

Que doit-elle comprendre pour alléger sa vie ? Quels mensonges hérités de sa famille, de ses expériences ou de sa culture religieuse doit-elle relâcher, pour faire équipe avec ce mur, et pouvoir enfin profiter du soleil ?

En fait, elle ne voit personne autour pour obtenir des réponses à ses questions. De plus, pour les chrétiens de son milieu, être malade dans notre esprit relève presque du péché ! Elle ne peut compter sur cette communauté pour recevoir compassion et conseil. Sa mère ne sera pas mise au courant de son hospitalisation d'ailleurs. Irène ne sent pas en elle une personne aidante, avec qui elle peut vivre la liberté de laisser couler ses émotions et ses doutes.

Alors, c'est donc à Dieu qu'elle parle librement de son passé, de son présent. Sa lecture quotidienne des Saintes Écritures est la lettre par laquelle elle est abreuvée.

Oui Dieu connaît son passé, son présent et son futur. Elle, une pédagogue naturelle, sait bien que, la maladie même, est une formation qui ne nous laisse pas comme nous étions. Elle nous rend pires ou meilleurs. Mais ne rien en apprendre est une perte de temps. Elle s'attache aux mots de l'épître aux Romains dans le chapitre huit. Elle reste confiante que son Père céleste sait ce qu'il fait. Car si elle est justifiée par le sang de Christ pour ses péchés, rien de ce qu'elle pourrait dire ou vivre ne la séparera de l'amour de Dieu manifesté pour elle en la personne de Christ.

Elle n'a plus à être si performante dans tous les aspects de sa vie.

Elle sort de l'hôpital et se sent prête à reprendre le collier, mais avec des ajustements. Heureusement, pendant son séjour, les enfants sont entre bonnes mains. Otto, toujours présent, pouvait compter sur le dynamisme des deux jeunes femmes en formation pour les repas et le soin des enfants. Il est certain que le lot de travail accompli en temps normal par Irène, comme la comptabilité, les repas, la gestion des étudiantes, tout cela, prit un peu de retard.

Elle planifie des moments de repos et promet d'être moins exigeante envers elle-même. Apprendre à être bienveillante dans sa façon de s'autoévaluer. Irène prend conscience des mensonges qui l'habitent et qui la menottent. Elle délaissera même certaines tâches sur la ferme. Elle veut se débarrasser des attentes superficielles qui deviennent pernicieuses par l'abus. Dieu a commencé à libérer Irène de la honte, et Il continuera de le faire.

CHAPITRE 5

1973-1975
Préparation et départ pour le Canada

Un vent de changement

Nous sommes en octobre 1973, les enfants sont au lit, les employés sont en repos dans leurs chambres. Irène et Otto habitent encore sur cette ferme louée du notaire du village d'Erlach. C'est une soirée tranquille. Irène travaille à réparer des vêtements, tantôt pour la famille, tantôt pour les employés, dans une petite pièce près du salon. Ses mains agiles s'affairent à cette activité chaque semaine, car ils sont nombreux à vivre à la maison. Otto, lui, fait le tour de l'étable comme d'habitude pour s'assurer que tout est en ordre. Mais ce soir, pendant qu'il fait sa ronde, ses pensées sont tourbillonnantes, comme entraînées par ce vent d'automne qui siffle et tournoie sur la ferme.

Il entre dans la maison et reste debout dans le cadre de la porte. Il regarde sa belle Irène. Un jour elle lui avait dit : « Je t'aime. J'irais vivre au désert avec toi ! ». Alors, muni de cette déclaration, il se lance :

« Que penses-tu de cette idée ? Je réfléchis à l'idée d'aller vivre en Australie... J'ai un ami là-bas, je pourrais lui demander s'il y a une ferme pour nous qu'on pourrait acheter. Nous pourrions partir vivre en Australie et avoir enfin notre propre ferme ! »

Puis, avant qu'elle n'ait le temps de commenter, il ajoute :

- Est-ce que tu voudrais partir avec moi ?

Irène n'est pas certaine de ce qu'elle a entendu car elle croyait, au fond d'elle-même, qu'ils resteraient toujours sur cette ferme louée dans le village d'Erlach.

- J'aimerais bien faire un voyage, oui, mais aller vivre en Australie, pas vraiment.

Elle ne savait pas si elle devait en rire ou prendre cette proposition au sérieux.

Otto renchérit :

- Louer une ferme et ne pas être propriétaire, cela ne donne rien avec le temps. Ce serait une opportunité d'en avoir une bien à nous. »

Le temps passe. Noël a fait sa parade. Le printemps est revenu. Nous nous retrouvons aux premiers jours d'avril 1974 avec toutes ses promesses.

Otto n'a pas oublié son rêve de posséder sa propre ferme. Alors, un bon soir, il revient à la charge avec son idée de partir de la Suisse :

« Je crois que notre destination est le Canada !

Irène éclate de rire et se paie la tête de son mari :

- C'est sûrement aussi solide que le départ pour l'Australie ! Tu n'as fait aucune démarche, aucune communication avec qui que ce soit pour que l'on puisse quitter. Alors... »

Irène oublie le projet.

Mais Otto est sérieux. Il entreprend des démarches cette fois, et compte se rendre au Canada. Il téléphone au numéro apparaissant dans le journal pour des informations. Ce numéro est celui de l'Agence Hermann Paul. Otto est donc mis en contact avec John Fennec, un agent d'immeuble. Il demande des précisions sur la démarche à faire.

Dès les premiers jours de mai, un samedi qu'Irène n'a pas d'employées et que le couple est seul avec les quatre enfants, quelqu'un sonne à la porte. Un grand homme se dresse devant elle et l'aborde :

« Je suis John Fennec. Votre mari est intéressé par le Canada, je suis venu aujourd'hui pour vous montrer des photos. » Il entre et entreprend d'étaler les photos sur la table.

Irène et Otto regardent les documents avec des yeux interrogateurs et aussi éblouis que ceux de leurs enfants, attroupés dans la cuisine. M. Fennec avait pris l'habitude de jumeler faussement des maisons et des fermes de façon à les rendre invariablement attrayantes pour les observateurs. Il reste deux heures avec la famille.

Avant de quitter il déclare :

« Je pars dans quelques jours pour le Canada. M. Aeschlimann, vous pouvez m'accompagner si vous voulez. Nous visiterons quelques fermes.

-Nous n'avons pas de passeports, mais si les démarches fonctionnent pour leur obtention, oui nous viendrons au Canada avec vous. »

Irène a-t-elle bien entendu ? Un voyage au Canada ! Elle est bouleversée. Quand M. Fennec quitte enfin la maison, Irène se tourne vers Otto et lui dit :

« Mais ça ne va pas du tout ! À quoi penses-tu ? Ce n'est pas sérieux Otto ! On n'a même pas l'argent pour faire ce voyage ! »

Irène sait de quoi elle parle : c'est elle qui tient la comptabilité de la ferme et de la famille. Un billet coûterait autour de 2400 francs suisses par personne, ce qui n'est pas une mince somme. Il faut donc au bas mot 4800 francs pour entamer une telle exploration, soit autour de 7000 dollars canadiens.

Irène considère que cela ne va pas du tout. Elle couche les enfants pour avoir la liberté d'exprimer son désaccord avec Otto. Il y a tant de conditions à remplir : les passeports prêts à temps, l'argent, et qui gardera les enfants ? Qui s'occupera de la ferme louée ?

Otto s'engage à faire les démarches pour les passeports dès lundi.

En plus, une nouvelle jeune fille commence sa formation avec Irène ce même lundi... Nous ne pouvons pas partir. Irène ne change pas ses plans et honore son engagement d'accueillir la nouvelle pensionnaire. Elle doit donc recevoir les parents de la jeune fille à dîner quand même.

Ce fameux jour, très tôt, Otto se rend dans le village de Gals. Irène entreprend de concocter un repas et de balayer un peu cette cuisine. Ce faisant, elle se rappelle qu'elle met de côté régulièrement un montant d'argent pour l'achat d'équipement pour la ferme. Elle instruit ce stratagème financier à Marlyse et Gérard, comme une bonne habitude à prendre, puis vérifie le montant accumulé. Irène est estomaquée : c'est le montant exact pour couvrir les frais de voyage pour les deux et un petit surplus pour certaines dépenses ! Dieu, tu as clairement contribué dans ce compte ! Un bruit la sort de sa pensée. C'est Otto qui, de retour vers 10 h, la presse de l'accompagner pour se rendre sans délai à Neufchâtel afin de compléter les documents et photos pour les passeports. Elle collabore, non sans penser aux visiteurs qui seront là pour dîner.

Elle partage avec Otto la provision d'argent révélée. Tous deux commencent à y croire. Alors, ils se doivent de continuer d'avancer car, si Dieu est pour eux, qui pourrait se tenir contre eux ? Le déplacement pour les passeports est aussi un succès. À leur retour, la famille invitée les attend déjà. Irène ne dit rien et s'affaire à recevoir les convives comme convenu. Un ragoût accompagne des boutons de pâte sur un nid de salade. Les invités, séduits par la famille Aeschlimann, ne savent rien de l'histoire qui se trame dans leur vie, et de l'urgence qui les habite quant à savoir ce qu'ils doivent choisir.

Si le projet fonctionne, ils devront partir le dimanche prochain. Il reste encore à régler la garde des enfants, sujet prioritaire pour Irène. Le cadet, Philippe, n'a que quatre ans. Irène se sent bousculée et informe Otto qu'elle ne peut partir avec lui dans ses conditions. Otto lui mentionne qu'un ancien élève avait déjà offert de les remplacer le temps de prendre des vacances, si tel était leur besoin. Otto rejoint l'homme. Il ne peut, malheureusement pas, obligé d'aller faire son service militaire.

« Tu vois, ça ne marche pas... moi je ne vais pas au Canada ! dit Irène en apprenant la nouvelle.

- Non, tu viens avec moi, je ne veux pas aller là-bas tout seul ! rétorque le mari en recherche de solution.

- Qu'est-ce que tu vas faire maintenant ?

- Maintenant, je ne fais plus rien, poursuit Otto. Si Dieu veut que nous allions au Canada, Il pourvoira dans sa grâce, à chacun des besoins, dans chaque aspect de ce voyage ! Il va nous envoyer quelqu'un. »

Encore déchirée, Irène retourne la situation dans tous les sens. Elle en parle à sa sœur Ursula. Mais, à sa mère Emma, elle ne dit rien pour la préserver de l'inquiétude.

Vendredi matin, Ursula téléphone à sa grande sœur. Elle s'enquiert à savoir où ils en sont :

« Partez-vous ce dimanche ? demande Ursula.

- Non, je ne pense pas. Nous n'avons personne pour garder les enfants et la ferme.

- Tu sais mon mari m'a dit ce matin qu'il viendrait chez vous pour prendre soin de la ferme et moi aussi je viens pour être avec les enfants. Si ton mari est d'accord.

- Attends, je vais aller confirmer avec Otto.

De retour, Irène s'exclame :

- Il est entièrement d'accord et accepte votre généreuse offre. »

Le samedi, Ursula, son mari et leurs trois enfants arrivent à la ferme louée par les Aeschlimann à Erlach.

Ce dimanche matin de mai 1974, le couple éberlué part pour un voyage en Amérique du Nord. Par train jusqu'à Bern et ensuite par autobus jusqu'à Zurich, où les attend John Fennec. L'avion les conduit au centre du Canada, au sud de la province de Québec, à Montréal, sa métropole.

Otto et Irène voyagent ensemble pour une même destination. Mais dans leur objectif de déménagement, les motifs sont différents, quoique complémentaires. Otto souhaite devenir propriétaire à 41 ans, d'une ferme respectable et être prospère. Irène est davantage attirée, interpellée, par le côté missionnaire du projet. Si le Seigneur l'appelle à le servir au Québec, elle répondra oui. Car elle veut vraiment vivre pour lui.

Il faut donc un succès des deux côtés pour un avenir au Canada. Ont-ils vraiment une place au Québec ? Comment reconnaîtront-ils cette place, celle que Dieu a préparée pour eux ? L'aventure se dessine.

L'agent d'immeuble John Fennec est leur guide en Suisse, mais il a aussi un frère qui travaille avec lui dans la région de Montréal. Il connaissait bien la famille Hofmann pour avoir étudié dans la même classe que Walter, le frère d'Irène, dans une école de Worb. De cette même époque, Irène se rappelle le conseil de son père, Hans Hofmann, de se méfier des agents d'immeubles. Les deux frères Fennec avaient une approche douteuse avec les vendeurs, et encore davantage avec les acheteurs.

Otto et Irène dans l'avion de Swissair qui les amène au Canada en mai 1974.

Première visite au Québec

Ils arrivent à Montréal vers 14 h. Bien qu'ils vivent le décalage horaire, ils consentent à visiter un compatriote suisse vivant au Québec depuis plusieurs années, Ernest Gasser. Il veut aider les nouveaux arrivants à s'installer. Ils ne le savent pas encore, mais cet homme cache, derrière une approche sévère, un cœur bienveillant et consciencieux, un protecteur pour ceux qui pourraient être la proie des loups de l'immobilier dans un pays étranger.

Ils sont donc accompagnés par John Fennec à Pike-River chez la famille Gasser. Les Gasser vivent au Québec avec leurs sept enfants depuis 1952. Ils sont de bons conseillers concernant le potentiel des fermes en vente dans *La Belle Province*, particulièrement en Estrie et en Montérégie.

Monsieur Gasser ne donne pas sa confiance facilement. Il examine d'abord minutieusement les deux voyageurs affligés de 12 heures de voyage et de 6 heures de décalage horaire. Son regard lourd et suspicieux servira toutefois bien la cause des Aeschlimann. Demain, ils visiteront ensemble quelques fermes.

Madame et Monsieur Ernest Gasser (1974).

La ferme Gasser à Pike-River au Québec (1974).

Après quoi, de la ferme Gasser, ils sont reconduits dans un motel d'Henryville pour y prendre un peu de repos. Un petit restaurant adjacent au motel leur permet de prendre le petit déjeuner avant de partir en mission chaque matin. Ils logeront là pendant tout leur séjour.

Le lendemain matin le couple est conduit par Ernest Gasser pour visiter quelques fermes et pour être instruit sur le Canada. Ils sont invités à dîner chez madame Gasser. Le bien-être qu'ils ressentent en leur compagnie est réel.

Un autre jour, c'est le tour de John Fennec de conduire les Aeschlimann pour des visites. Sur la grande route vers Henryville, Irène, occupant la banquette arrière du véhicule, entend clairement le conseil de Dieu, dire à son cœur, de cesser de se braquer contre le Canada :

« Arrête de parler contre le Canada, mais soit d'accord et dis oui à ton mari ; car c'est le chemin choisi pour lui. »

Dès ce moment, elle se range derrière le projet de partir pour le Canada. Elle ne veut pas se battre contre Dieu et le plan qu'il a pour eux. Elle profite maintenant d'une paix pour voir évoluer les choses.

Ils visitent une ferme à Marieville et reconnaissent le genre de propriété qu'ils souhaitent posséder ; mais ils n'entament aucune action. Et la grand-mère Gasser qui demande à la fin de chacun des dix exténuants jours :

« Avez-vous trouvé quelque chose ?

Le grand-père Gasser répond inlassablement :

- Non, cela ne leur plaisait pas. »

Otto et Irène ignorent pourquoi cet intérêt pour leur décision. Ils ne savent pas que la bonté du couple Gasser est une arme pour éviter les pièges des abuseurs. Quoiqu'il en soit, le couple décide de ne rien faire comme offre d'achat. Irène tient à informer sa mère de leur désir de vivre au Canada. Elle ne l'avait pas fait avant son départ, mais compte bien le faire, à son retour. Lui dire que les vacances annoncées avaient en fait un but plus grand. Irène sait qu'Ursula ne dira rien à Emma.

Les vastes terres cultivées et non cultivées, tout le potentiel agricole que représentent l'Estrie et la Montérégie, impressionnent nos fermiers suisses. Dans leur pays, les terres sont rares et inaccessibles. Ici, au Canada, tout semble possible. L'exode rural qu'a vécu le Québec, avec le développement industriel et l'attrait des grandes villes, a ouvert des portes pour les agriculteurs d'ailleurs. Les mêmes générations de québécois qui sont nées dans les années 20, 30 et 40, comme Otto et Irène, ont souvent délaissé les fermes familiales pour se tourner vers les secteurs industriel ou tertiaire. Elles ne souhaitaient pas continuer la vie de misère soutenue par leurs parents et leurs grands-parents sur des terres de roches, résistant au mieux pendant l'hiver avec des moyens de fortune. L'absence d'école locale pour parfaire l'éducation postsecondaire influence aussi la migration de plusieurs campagnards vers les grands centres. Évidemment, après leurs études, la plupart ont trouvé du travail en dehors de la terre ou de la ferme familiale. Sans relève, il fallait vendre une terre qui perdait autant de valeur que d'attrait. Ceux qui choisissent de prendre la relève le font à forts prix, avec le coût élevé de la mécanisation et de la modernisation des fermes. Voilà un contexte propice pour que la Montérégie et l'Estrie deviennent des terres d'adoption pour plusieurs citoyens de la Suisse et de l'Europe.

Après une dizaine de jours d'exploration, Irène et Otto retournent en Suisse. Ils se rendent à Bern et déambulent dans la gare, essayant de récapituler ces heures canadiennes. De quelle manière doivent-ils poursuivre tout cela ?

Irène lors de son retour en Suisse après le voyage au Québec.

De façon inattendue un missionnaire connu de la famille surgit devant eux. C'est un grand ami, aussi cultivateur, mais qui a laissé l'agriculture pour partir en Nouvelle-Guinée en mission. Enthousiaste, il leur demande de quel pays ils arrivent :

« Revenez-vous d'un voyage de noces ?

- Presque ! On arrive du Canada !

Une réponse qui provoque un grand rire communicatif dans la gare.

- Et maintenant, qu'est-ce que vous voulez faire ?

- C'est là notre problème : nous sommes confus et nous ne savons pas quoi faire pour continuer maintenant !

Quand il apprit leur destination, leur plan et leurs questionnements, il leur proposa un conseil précieux :

- Maintenant, retournez à la maison et consultez vos parents. Vous leur parlerez ouvertement de votre projet et soyez attentifs : s'ils sont d'accord et qu'ils approuvent votre projet, vous serez paisibles ; et vous aurez leurs bénédictions pour continuer les prochaines étapes. Sans leur bénédiction, vous ne devriez pas continuer dans cette voie. »

Irène craint que sa mère ne soit pas d'accord. Toute sa jeunesse, Emma refusait qu'elle aille visiter son oncle Ernest Hofmann qui vivait en Afrique. Elle craignait que si Irène passait les frontières de la Suisse, elle n'ait plus le goût de revenir. Mais des parents Aeschlimann, elle croit que ce sera accepté d'emblée.

Sous les conseils de leur ami, ils visitent donc Emma le plus tôt possible. Ils lui racontent tout.

Une fois leur récit terminé, elle leur dit :

« Ah ! Je vous laisse aller. Le chemin est ouvert. Si Dieu veut que vous alliez, alors allez-y ! Je ne mettrai aucun bâton dans les roues. »

Irène est étonnée, mais remercie Emma pour cette réponse. Le couple est reconnaissant de cet aval et y trouve du courage pour continuer leurs démarches vers l'Amérique.

Voir les parents d'Otto semble maintenant une formalité. Ce sont des gens calmes, affables qui recherchent constamment la paix entre tous. Donc, Irène et Otto se rendent à la maison pour une soirée à discuter autour de la table. Ils exposent donc leur vue sur l'achat d'une ferme au Québec. Le regard de M. Aeschlimann s'assombrit au fur à mesure que le récit se développe.

À la fin il lance :

« Est-ce que tout va bien dans vos têtes ? Vous êtes fous ! Vous avez tellement une belle ferme et vous voulez la quitter ! Vraiment ?

Le voilà qui prend un ton de reproche pour ajouter :

- Peut-être êtes-vous trop gâtés ! Ce n'est pas une chose à faire, mais alors là, pas du tout !

Otto reçoit une pluie de remontrances de la bouche de son père comme jamais Irène n'avait été témoin. Ils sont saoulés de paroles dures et ébranlés dans leur jugement.

Mais Otto tente de rassurer son père en lui disant :

- Écoute papa, je n'ai rien acheté. Je veux retourner voir la végétation au mois de juin parce que, lorsque nous sommes allés au début de mai, les champs étaient couverts d'eau à cause de la pluie du printemps. Les semences n'avaient pas encore été faites. Alors je veux aller voir la qualité du sol plus tard en été... Mais si tu veux, tu peux venir avec moi.

Le père a écouté. Il s'est calmé :

- J'ai besoin de réfléchir et de dormir. Je vous téléphone. »

Le couple rentre chez eux encore ébranlé. Trois jours plus tard, Rudolf Aeschlimann téléphone à son fils pour dire :

« Je viens au Canada. Je veux aller voir ».

D'autres visites au Québec en 1974

Cette fois Irène ne fera pas partie du voyage. Mais les deux hommes quittent la Suisse en juin pour se rendre à Montréal. Ni l'un ni l'autre ne parle un mot de français. Qu'à cela ne tienne, ils persévèrent dans la recherche de la ferme idéale pour la famille Aeschlimann au Canada. Ils se rendent d'abord chez Ernest Gasser qui consent à les accompagner sur le terrain. Beaucoup de fermes sont à vendre. Leur exploration les dirige vers Sainte-Brigide d'Iberville et Marieville.

Une partie de la Ferme Messier visitée à Sainte-Brigide d'Iberville.

Rudolf Aeschlimann visitant une ferme avec un élevage de dindes à Sainte-Brigide.

Une ferme de Sainte-Brigide intéresse bien Otto. Mais, la discorde dans la relation du couple, place Otto dans l'embarras, surtout l'empressement du mari à divorcer, pour tout quitter vers l'Ouest canadien. Le fermier suisse renonce à cette propriété devant l'urgence de trouver 40 000 $ canadiens et la complexité de l'échange monétaire à régler en si peu de temps.

Maison et ferme visitées par Otto en 1974. Il n'achète pas à ce moment-là.

Ils font quelques autres visites, mais Otto n'achète rien. Ils reviennent en Suisse. Coup de théâtre : le père d'Otto a changé d'idée.

« Allez-y au Canada ! »

Contre toute attente, il confessera à son fils que si une telle opportunité s'était présentée à lui quand ses fils étaient jeunes, il n'aurait pas hésité à quitter la Suisse. Rudolf Aeschlimann revient donc avec sa valise remplie de rêves pour son fils et d'une amitié précieuse avec Ernest Gasser.

Otto et Irène ont maintenant la bénédiction des parents. Audacieux, ils se dirigent de plus en plus vers une nouvelle terre d'adoption : le Québec.

Otto planifie une troisième visite, mais cette fois, il faut choisir et acheter. Chaque déplacement engage des frais de 800 $. Irène ne comprend pas comment le compte en banque a toujours une provision insoupçonnée. Pourtant, elle tient elle-même les comptes. Ils n'ont pas à emprunter pour combler le prix des billets. Pour elle, l'argent est pourvu de façon miraculeuse.

Otto retourne donc au nord de l'Amérique. Cette fois, il est accompagné de Daniel et Anna Fankhauser, originaire de Grosshôchstetten en Suisse. Ils cherchent aussi une ferme au Canada depuis quelque temps déjà.

Sonntags-Blatt

Wochenbeilage zum «Schweizer Bauer» Sonntag, den 24. April 1977 Nr. 17

«...wie er zuvor getan hatte»

Abschied von der Heimat

Die achtköpfige Familie Fankhauser, aufgenommen kurz vor ihrer Abreise. Der Knabe rechts auf dem Bild beendet seine Schulzeit noch in Grosshöchstetten.

Famille de Daniel et Anna Fankhauser en 1977.

Otto achète avec courage une ferme québécoise à Marieville. Cette propriété est évaluée à 135 000 $. Elle comprend 80 vaches, des veaux, 80 hectares de terre et 5 tracteurs. Il fait donc un dépôt de 10 000 $ chez le notaire. Daniel Fankhauser n'a rien acheté pour cette fois, mais la famille trouvera aussi une ferme en Montérégie, plus tard. Ils seront le sujet d'un article de journal suisse pour relever l'événement.

Tous reviennent au pays. Alors commencent les démarches officielles pour quitter la Suisse. Il fallait, entre autres choses, voir à résilier le bail de la ferme louée à Erlach. Et pour ça, Otto se charge de voir le propriétaire de la ferme. Il s'entend verbalement avec lui de la fin de la location en l'informant avant la date butoir du printemps :

« Ce n'est pas un problème pour moi : un homme, une parole ! »

Aucune note ou signature de cette rencontre décisive n'a été prise.

Quitter

Le gouvernement canadien exige des examens de santé pour toute la famille afin d'établir les visas. Tout se passe bien pour les enfants et pour Otto.

C'est le tour d'Irène de passer à l'examen. La femme énergique et menue pèse à peine 50 kilos. Le médecin pose sur elle un regard étonné :

« Vous semblez être en bonne santé. Mais qu'allez-vous faire au Canada ?

- Mon mari a acheté une ferme.

- Avez-vous déjà travaillé sur une ferme ? C'est dur et exigeant ! »

Irène le regarde ahurie se demandant si elle doit étaler son expérience et ses années de travaux pour le rassurer lui, ou simplement couper court en prétextant qu'elle connaît bien la tâche. Elle choisit la deuxième solution. Malgré tout, le médecin n'est pas rassuré car elle a développé des pierres au foie. Irène n'est pas surprise par ce diagnostic, car elle a des maux de ventre régulièrement. Elle doit être opérée.

« Je ne veux pas être opérée, je veux aller avec mes pierres au Canada ! » objecte la patiente.

Mais, en octobre, son corps en décide autrement et on doit l'opérer dans la semaine suivante. Tout se passe bien, mais, à cause d'un manque de calcium, elle se retrouve dans une faiblesse extrême après l'intervention. Elle doit donc vivre trois semaines de convalescence dans une maison de repos. Ce temps n'est pas perdu, Irène organise le déménagement prochain. Cet arrêt nécessaire lui permet de planifier une séquence des choses à faire :

☑ Nettoyer, rafraîchir, et repeinturer au besoin les outils à vendre

☑ Vendre des outils et du mobilier

☑ Vendre les animaux dans un encan

☑ Préparer un conteneur qui recevra les meubles et les biens de la famille

☑ Préparer des réserves de nourriture dans des valises

☑ Préparer des vêtements pour la famille

☑ Voir au vaccin pour le chien et organiser son transport et ses provisions

Ce repos lui fait du bien et, ragaillardie, elle est prête pour entamer les procédures qui les séparent encore du Canada. Bien planifier les travaux, c'est la moitié du travail ! « Gut organisiert ist die halbe Arbeit gemacht ! » disait son père. Et ça, elle l'a validé bien souvent dans sa vie d'épouse, de mère et de fermière-formatrice-enseignante. Emma se propose pour venir aider dans toute cette préparation. À son arrivée sur la ferme, elle est accueillie par un jeune chien trop enthousiaste qui la bouscule et elle se blesse au dos. Elle devra être immobile pour plusieurs jours. D'aidante, Emma devient l'aidée, et Irène doit prendre soin de sa mère. Voilà un aspect qu'Irène n'avait pas planifié dans sa liste exhaustive des tâches ! Mais, le projet progresse et, le courage aidant, les étapes se franchissent une à une.

Nous sommes en janvier 1975. Le premier défi est de trouver une manière efficace de ranger les meubles et les objets dans un conteneur, et ce, de façon optimale et sécuritaire. Conseillée par un travailleur d'usine d'expérience, Irène remplit des boîtes de bois énormes, celles utilisées habituellement pour les pommes. Ainsi, les blocs seront empilables, sans problème dans un conteneur. Il ne faut pas oublier d'identifier chaque boîte avec son contenu. Noter le tout dans un cahier pour le déchargement. Les gros meubles, comme les armoires, sont remplis avec des draps, des duvets et des oreillers.

Le conteneur doit être paré pour quitter le port de Bâle le 15 février 1975. Même si les Aeschlimann louent la ferme d'Erlach, ils en possèdent les animaux, les outils, la machinerie et des objets utiles aux travaux champêtres. Pour être mis à l'encan, tout objet doit être rafraîchi d'un petit coup de pinceau.

Philippe et une employée participent au nettoyage et à la peinture des objets à vendre.

Ils mettent aussi en vente des souliers et des vêtements dont ils n'ont plus besoin. Ils allègent ainsi leurs bagages.

Heureusement, pense le couple, le propriétaire-notaire a déjà reçu la visite d'Otto l'informant de la non-reconduction du bail, avant la date butoir du printemps !

Walter, le frère d'Irène, qui aide à la présentation du cheptel aux acheteurs (1975).

Comme espéré, l'encan rapporte ses recettes et la ferme est libre des biens des Aeschlimann. Cependant, ils reçoivent une lettre abusive du notaire-propriétaire. Depuis trois jours, Irène lit et relit son contenu : selon l'article de loi cité, ils doivent payer une année de location car ils n'auraient pas résilié leur bail à temps ! Irène est davantage choquée du manque d'honnêteté du notaire que le montant à payer. Son intention crasse de ne pas honorer sa parole, comme il osait dire : Un homme une parole ! Chaque été, le fils du notaire venait passer des vacances chez les Aeschlimann. Et pourtant l'homme riche n'avait jamais déboursé un seul sou pour cet accommodement, parce que, jusque-là, l'entente était impeccable. Irène est outrée par l'attitude arrogante du propriétaire. Il avait bien assisté durant toute la journée de l'encan à la vente des biens de la famille. Le propriétaire avait été le premier à se pointer et le dernier à partir.

Irène est si bouleversée que les mots se bloquent dans sa gorge. Elle ne conteste rien lorsqu'elle le voit. Otto, tout aussi déçu de la nature humaine, ne dit rien non plus. Le couple vit avec cette lourdeur quelques jours. Un matin, trois semaines après l'encan, Otto vient voir sa femme et lui dit :

« Rends-toi à la banque et à la poste, et paie ce que nous devons à cet homme. Nous partirons au Canada sans laisser aucune dette non payée et sans laisser de munitions à cet homme pour détruire notre réputation. Prends 10 000 $ de l'argent de l'encan. Nous quitterons la Suisse en paix. C'est son affaire, pas la nôtre. »

Irène choisit le vélo ce matin-là. Peut-être a-t-elle besoin de prendre plus de temps pour accepter cette réalité. Les gens de ce monde sont plus avisés envers les choses de ce monde que les enfants de Dieu, dit bien le verset qu'elle se rappelle avoir lu ; et ce n'est pas la dernière fois qu'Irène sera témoin de malhonnêteté dans sa vie. Mais celle-ci leur coûte 10 000 francs suisses (soit 14 500 $ canadiens en 1975). Le montant est transféré au notaire. Elle retourne à la ferme.

Devant leur maison, une voiture est garée. Cinq hommes en descendent. Ils sont là pour la vérification des impôts. Irène les salue et les fait entrer. Elle leur présente naturellement ses livres de comptabilité. L'un des fonctionnaires la rassure sur ses motifs : il n'est pas là pour la coincer. Il remarque qu'Irène a un nœud dans la gorge, attristée par sa situation de locataire. Il insiste pour savoir ce qui la tracasse à ce point. Alors, elle reprend leur histoire depuis la recherche d'une terre au Canada, jusqu'à l'encan en passant par l'abus exercé par le notaire-propriétaire de Oberburg.

Interpellé par la situation, et habité par un élan de justice, le fonctionnaire tente de bloquer l'envoi d'argent en téléphonant au bureau de poste. Mais la lettre est déjà partie. De façon extraordinaire toutefois, les Aeschlimann ne payèrent pas beaucoup d'impôt cette année-là : les fonctionnaires prirent en compte les pertes déclarées !

> **Dieu soutient ceux qui veulent honorer son nom ; et les équipe pour l'avenir.**
>
> 1 Pierre 2 : 19

Car c'est une grâce que de supporter des afflictions par motif de conscience envers Dieu, quand on souffre injustement.

Otto, Philippe et des employés devant le conteneur rempli de caisses de bois, abritant les biens épurés des Aeschlimann.

Le conteneur, rempli à pleine capacité, part par bateau pour le Canada (15 février 1975).

Un test de foi inouï

Tout est paisible dans le village d'Erlach, la fatigue emporte Irène dans un sommeil légitime.

Et cette nuit, voilà que Dieu la rejoint dans ses rêves. Un rendez-vous insoupçonné dont Irène ne peut, à ce moment-là, en mesurer toute la préciosité. C'est à elle, et à elle seule que trois questions sont posées. Elles accorderont littéralement les épisodes de sa vie et son appel missionnaire.

Tout est tellement silencieux. Une voix rassurante s'adresse à elle.

Elle entend Dieu qui lui demande :

« Si vous manquez d'argent, iras-tu quand même au Canada ?

- Oui Seigneur, si c'est pour ta gloire.

- Et si quelqu'un est très malade, iras-tu quand même au Canada ?

- Oui Seigneur, si c'est pour ta gloire.

Et Dieu lui montre un corps étendu sur le dos, quelqu'un de sa famille est là ; mais elle ne voit pas clairement qui est cette personne. Elle comprend alors que si quelqu'un perd la vie, ira-t-elle quand même au Canada ? La femme bouleversée, vivant intensément ce deuil, répond en larmes :

-Oui, Seigneur, si c'est pour ta gloire. »

Irène se réveille. Mais elle pleure, pleure, longtemps cette nuit-là.

Elle n'en parle pas même à Otto et garde cette révélation dans son cœur. Elle n'est pas certaine que tout cela est un appel et elle ne veut en rien troubler son mari ou quiconque avec cela. Elle ne saurait pas défendre une telle expérience spirituelle.

Erlach. C'est à l'étage, dans cette chambre aux volets verts, que Dieu questionne Irène.

Elle range ces révélations dans une partie de son esprit et les oublie même pendant quelque temps.

Peu avant leur départ, ils se réunissent et chantent des cantiques dans la maison d'une tante Hofmann. Quand on chante les paroles :

> **Le Dieu de bonté nous purifie par la croix**
> **Il regarde si tu es fidèle à Lui**

À ce moment-là, et inopinément par la suite, certaines images de son rêve remontent vers sa pensée.

Plus que trois semaines en Suisse. Ils comptent partir pour être au Canada le 1er mars, mais M. Fennec écrit qu'ils ne doivent pas venir avant le 30 mars. Il n'a pas dit pourquoi. Ils habitent donc à Ittigen, chez Ursula, pendant ce temps transitoire.

Cette période leur permet de voir beaucoup d'amis et de connaissances qui tiennent à leur dire au revoir. Une forme de vacances du travail aussi, cela régénère leur force physique. Mais un stress et une insécurité les tenaillent constamment. Ils sont dans un processus de changement et tout est nouveau pour eux. Ils affrontent l'inconnu et pourtant, ils n'ont pas de regret.

Conférence pour les femmes

Irène en profite pour participer à une conférence de femmes à l'Église pour Christ. Cette église est à la maison Wydibul, dans la ville de Brenzikofen, dans le Canton de Berne. La conférence se déroule sur deux jours.

Le deuxième jour, toutes les femmes sont debout devant la porte, prêtes à entrer dans la salle à manger. Un des conférenciers, un évangéliste, marche vers Irène et met sa main sur son épaule et lui dit :

« Ah ! Voilà la Canadienne !

- Non, je ne suis pas canadienne dit-elle. Nous ne vivons pas encore au Canada ! dit la femme, prenant la balle au bond, croyant l'homme bien intentionné à son égard.

Mais il poursuit en invectivant Irène devant tous :

-Qui de vous deux a eu en premier l'idée d'aller là-bas ?

À ce ton de voix vindicatif, le groupe fait silence et l'attention entière se porte sur Irène, plus menue que jamais.

-Mon mari... répond Irène. Il insiste sèchement :

- Ce n'est pas correct que vous partiez dans ce pays ! C'est le pays de Chiniky ![1] Il y a des tempêtes de neige ! C'est mauvais pour vos enfants ! Vous allez perdre vos enfants "dans le monde" une fois dans ce pays ! »

Le cerveau de la femme, étourdi par une telle attaque, n'arrive pas à formuler quoi que ce soit.

Irène est humiliée, observée par toutes ces femmes témoins de la scène. Soudain, un ami s'approche et prend sa défense. Le même ami missionnaire, rencontré à la gare de Bern, au retour du premier voyage au Canada, celui qui les avait si bien conseillés.

Il s'adresse à l'homme et lui dit :

« Ça va ! Laisse-la tranquille ! Cette décision j'aurais pu la prendre tout aussi bien qu'Otto. Ils ne font rien de mal. Laisse-les tranquilles ! »

[1] Charles T. Chiniquy était un prêtre catholique canadien-français qui se convertit au protestantisme et devint pasteur et prédicateur anticatholique. Entre 1885 et 1899, il fut au centre d'un grand nombre de controverses religieuses au Québec, au Canada et aux États-Unis. Source : Wikipédia

Mais, fougueux l'homme poursuit son discours arrogant. Sa femme tente de le calmer en attrapant son bras, mais rien n'y fait. Irène est figée, incapable de pleurer, paralysée devant cette attaque.

Une amie s'approche, la prend par le bras et l'invite à sortir avec elle pour respirer un peu. Irène, victime d'une telle agression n'en dort pas de la nuit. Mais demain elle rejoindra Otto et pourra se confier à lui.

Le lendemain est enfin là. Elle retrouve Otto en pleurant et lui partage l'attaque sournoise qui la touche dans ce qu'elle a de plus précieux : sa famille, l'avenir de ses enfants et eux, qui délaisseraient la foi et s'éloigneraient de Dieu, aux dires du pasteur qui l'avait harangué publiquement. Otto est devant l'évidence que l'ennemi de leur âme a trouvé un point d'attaque qui concerne la capacité de Dieu à les garder près de son cœur. Le même doute sera encore ciblé deux semaines plus tard, dans une autre conférence, quand un des enseignants approche directement Irène en lui disant :

« Vous pourrez certainement vivre de l'agriculture au Canada, mais allez-vous demeurer près de Dieu ? »

Indubitablement, le couple s'accroche à la volonté de Dieu, révélée pour eux dans les mois précédents. Ils se rappellent sa provision et son intervention. Irène surtout, repasse les paroles et les convictions que le Père lui a données. Doublement troublée, elle prie. Quel est ton chemin pour nous Seigneur ? Dois-je écouter ces hommes ? Irène doit maintenant choisir entre la culture d'église reçue, celle où l'on doit se plier à la parole des évangélistes, ou celle reçue de la bouche de Dieu lui-même lors de leur premier séjour au Canada.

C'est le chemin pour ton mari, avait-elle entendu dans son cœur sur cette route de campagne du Québec. Elle a reçu une ancre pour son âme et elle décide de s'y rattacher. Ils quitteront la Suisse quoiqu'il en coûte et malgré les opinions contraires entendues.

Photo prise en Suisse avant leur départ d'Erlach (1975).

Le vrai départ

La famille suisse respecte le délai repoussé. Nous sommes le 30 mars 1975, et chacun se présente au départ armé d'une valise. Un seul bagage supplémentaire est rempli de boîtes de conserve. Leur chienne Cita, à deux mois de gestation, fait le voyage dans une soute à bagages chauffée.

Déterminés d'obéir à Dieu, Irène, Otto et leurs enfants embarquent dans l'avion qui les transporte de Zurich vers un nouveau pays, une nouvelle terre, une nouvelle langue, de nouveaux défis.

La chienne est dans la caisse de bois à gauche.
Le préposé transporte leurs valises vers la soute à bagages.

Irène, assise dans l'avion, attend qu'on éteigne les lumières pour laisser couler ses larmes. Elle est si fatiguée de ces luttes et usée par le marathon de préparation. Cette pudeur la maintient dans une certaine solitude. Elle ne veut pas inquiéter les enfants. Ni Otto.

La nuit les transporte vers un autre continent. Puis, l'avion étend son ombre sur la piste d'atterrissage de l'aéroport de Mirabel. Ils arrivent à Montréal.

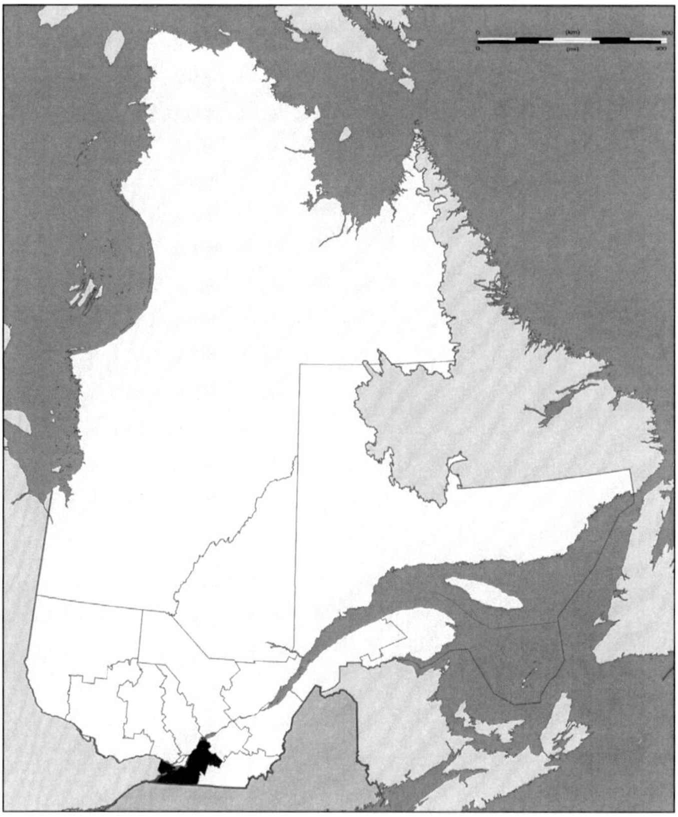

Le point noir est là où ils vivront dans la Montérégie au Québec. Source Wikipédia.

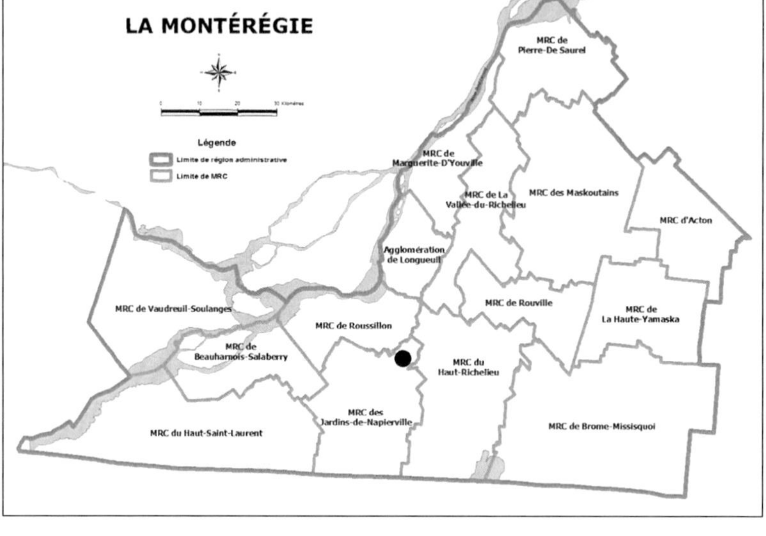

CHAPITRE 6

Un coin de pays aux plaines infinies

Tempêtes

Ils arrivent au Québec sur un sol tout blanc peint de neige. Chacun essaie de rassembler ses idées et ses bagages. La chienne, trop anxieuse, a littéralement mangé les barreaux de bois de sa cage et est sortie à toute vitesse dès l'ouverture de la soute. Heureusement, une fois ses maîtres en vue, elle s'est calmée, réconfortée. Un homme est là pour les accueillir ; il les conduit dans un motel de Marieville. Ils bénéficient d'un logis avec deux chambres. Une pour les enfants, une pour le couple. La vue des terres immenses, des plaines infinies de neige redonnent de l'oxygène au cœur compressé d'Irène. Ces terres sont une grande page blanche pour écrire de nouveaux souvenirs. Elle inhale à grands traits l'air frais du printemps québécois. La famille savoure la quiétude de l'endroit et profite de quelques heures de sommeil.

Le lendemain, M. Fennec, bien que blessé à une jambe, et se déplaçant avec une canne, les conduit en voiture pour leur montrer la ferme achetée à Marieville. C'est la ferme Martel.

Irène, équipée de son français européen, se dirige la première vers la porte. Elle frappe. On lui ouvre.

« Nous sommes les nouveaux propriétaires de la ferme et nous aimerions visiter le logis. »

Le couple présent la laisse entrer. Elle constate que tous les meubles sont encore en place et que rien ne semble être préparé pour leur départ. Elle demande à voir le deuxième logement, mais on lui refuse cet accès. Irène ne comprend plus rien. Pourquoi ne sont-ils pas déménagés ?

L'hôte la conduit vers la laiterie. Là se trouve M. Martel qui reconnaît Irène comme étant la femme sur la photo de famille reçue lors de la transaction. Il est cordial. On entend grommeler au loin. Un homme surgit dans la laiterie. C'est le deuxième frère Martel qui, en colère contre M. Fennec, le menace de le priver de sa jambe en santé ! Il est furieux contre l'agent d'immeuble. M. Martel est enragé contre celui qu'il considère responsable d'une forme d'éviction. Fennec tient son équilibre sur le bassin de lait. Otto et les enfants entrent à ce moment pour être témoins de la grogne sévère. Irène, malgré tous ses efforts, n'arrive pas à traduire ce qu'ils se disent et ce qui se passe réellement. Mais l'atmosphère est lourde et agressive. Otto, qui porte Philippe dans ses bras et suivi par les grands, quitte pour trouver refuge dans l'auto. Irène n'a pas eu le temps de voir la peur dans les yeux de son petit dernier et les mains qu'il mettait sur ses oreilles en pleurant. Elle a peur tout à coup et ne comprend pas pourquoi son mari ne reste pas là pour la protéger. Elle ne saisit toujours rien de l'intrigue entre les hommes qui s'invectivent devant elle. Le français québécois, rural ou citadin, n'est pas enseigné dans les écoles suisses !

La police provinciale arrive sur les lieux.

« Que se passe-t-il ici ? »

Des cris surgissent en réponse.

Les Martel accusent M. Fennec de les avoir dupés. La police veut voir le contrat. Il est écrit que la date de prise de possession est le 1er avril.

« Donc, vous n'avez pas le droit d'être ici. Revenez demain. Allez. Vous devez quitter », tranche le policier.

M. Fennec accompagne la famille au restaurant pour manger. Ils s'entendent pour remettre la visite au lendemain. Mais une telle colère peut-elle réellement éclater d'un malentendu sur une date ? Les Aeschlimann en doutent. John Fennec tente de les rassurer en disant qu'ils ont un rendez-vous chez le notaire le 1er avril, et qu'ils auront accès à la ferme sans problème.

Le lendemain, le couple et leur agent se rendent, sans les enfants, chez le notaire. Ils sont restés en compagnie d'une amie de la famille Fennec. Une fois sur place, ils constatent la présence de deux avocats, en plus de celle du notaire, de John Fennec et de son frère Charlie. Pourquoi deux avocats ? Irène se questionne. M. Martel avait été convoqué également, mais il n'est pas là. Encore des questions dans la tête d'Irène. Au bout de deux heures, le notaire insiste par téléphone auprès de M. Martel pour qu'il les rejoigne. Il refuse. Oups ! Encore ? À chaque heure qui passe, le notaire reçoit par téléphone toujours la même réponse :

« Non, je ne viens pas ! »

L'incompréhension de la situation devient insupportable, autant que la fumée dense des cigarettes grillées par ces hommes entassés dans la pièce.

Il est maintenant 19 h. Le notaire lève cette assemblée et apprend aux Aeschlimann qu'il ne peut plus rien faire pour cette transaction. Elle est donc caduque, annulée, irrecevable.

Les frères Fennec conseillent donc au couple de prendre un avocat.

« Tous les frais qui vous incombent dans cette nouvelle démarche seront payés par le défendeur, donc M. Martel. Vous êtes dans votre droit. Vous pouvez aller vous loger dans un hôtel et faire payer la facture aux Martel.

Toute une bienvenue au Canada !

Otto, sans aucune hésitation, répond :

- Non. On ne vient pas dans un nouveau pays pour commencer avec des poursuites et des discordes. Nous resterons au motel jusqu'à ce que les choses soient claires.

- Mais il n'y a pas de restaurant ! Souligne un des Fennec.

-Ça ne fait rien. Nous resterons au motel. Appuie Irène. Et nous ne prendrons pas d'avocat. »

La famille loge donc au motel pour une durée de dix jours. Irène avait apporté des provisions dans une valise et cela suffit pour nourrir tout le monde pendant ce séjour. Saucissons et conserves. La dame qui tient le motel pourvoit la famille en pain et en eau.

Le lendemain, 3 avril, une tempête de neige garde les Aeschlimann au calme dans leur logis. Ce temps à l'écart permet à chacun de se reposer et de prendre le rythme chronologique du Québec. Ils ont besoin de récupérer de beaucoup de choses. Mais une paix inexplicable les enveloppe pendant ces deux jours de confinement. Les enfants entraînent les parents dans leurs jeux et des rires communicatifs régénèrent leur âme. Quand les vivres ont baissé, Irène s'entend avec la dame, propriétaire de la place, pour un montant raisonnable.

Les Fennec doivent donc engager un avocat pour leur propre défense et assumer les conséquences de leurs méthodes qui se sont révélées plutôt douteuses. Irène et Otto sont appelés comme témoins dans cette affaire. Le verdict tombe et les deux agents d'immeubles sont contents. Ils ont gagné sur les Martel et ceux-ci ont à payer leur pénalité aux Fennec... mais ils gardent leur ferme ! Tout est à refaire pour les Aeschlimann ! Irène a besoin à ce moment-là de se rappeler les sages mots de sa tante Clara Hofmann :

« J'ai vu en Suisse que tout était ouvert pour le Canada. Si ça bloque là-bas, ne soyez pas surpris, parce que Dieu éprouve chaque enfant qu'Il aime. »

Et elle ajoute :

« Le travail au champ missionnaire peut prendre de trois à cinq ans d'adaptation. »

Irène puise dans ces mots sages un secours réel chaque fois que les circonstances sont laborieuses.

Le 5 avril, les Fennec repassent au motel pour prendre des nouvelles des arrivants :

« Que voulez-vous faire maintenant ? »

Il est clair que visiter d'autres fermes est la priorité des Suisses. Otto insiste auprès des deux hommes pour être reconduit chez les Gasser à Pike-River. Les Fennec semblent réticents et préfèrent visiter quelques fermes avec eux aujourd'hui.

Ce qu'ils font. Mais aucune des fermes explorées ne semble être un coup de cœur pour le couple Aeschlimann-Hofmann. Rien. Demain est un autre jour et l'équipe de recherche se sépare pour la nuit.

Le lendemain, une autre journée d'investigation commence. Sans le savoir, ils sont conduits vers Pike-River où vivent les Gasser. Ils y visitent une ferme, mais sans grand enthousiasme. Puis, finalement les frères se rangent à l'idée d'emmener la famille chez les Gasser. Ce qui fit grand plaisir à Otto.

Les Gasser de Pike-River.

Passer un après-midi avec eux rend toute cette démarche plus humaine et bien plus rassurante. Les Gasser sont des gens de confiance et cela réconforte nos héros. Ils rencontrent le fils d'Ernest, Jean Gasser, il a deux ans de plus qu'Otto.

« Enfin vous êtes là. Nous avions entendu parler de vous, mais nous ne savions pas où vous étiez et où vous trouver. »

Jean Gasser regarde John Fennec et lui dit :

« Maintenant tu retournes au motel et tu amènes toute la famille ici. Et tu rapportes leurs bagages ! »

Ils logeront dans cette maison de Pike-River, au deuxième étage. L'amitié des hôtes pour les Aeschlimann avait fait dire au père Gasser qu'il voulait les loger à leur prochaine visite. La grand-mère avait déjà tout préparé pour recevoir les six immigrants.

À voir l'énergie qu'Irène met à rassembler les bagages de la famille, M. Fennec croit qu'elle est fâchée et qu'elle veut tout abandonner. Inquiet de voir partir sa commission de vendeur en fumée, il s'adresse à la conscience d'Irène.

« Mme Aeschlimann, vous souvenez-vous encore des vœux faits à votre mari le jour de votre mariage, ce que vous lui avez promis ?

Étonnée et confuse, Irène ne comprend pas pourquoi cette question à cet instant.

- Mais oui je me rappelle. Mais cela n'a rien à voir avec maintenant ! Pensez-vous que c'est un plaisir d'aller manger et loger de la générosité des Gasser ! Nous devrions être chez nous maintenant ! »

L'homme, penaud, comprend le malaise.

Ils font donc un aller-retour efficace et reviennent à Pike-River au début de la soirée.

Au souper Ernest Gasser invite joyeusement les enfants à prendre place autour de la table.

« Allez derrière la table. »

Au Québec, un long banc est souvent placé le long du mur. Des chaises occupent les espaces pour les adultes. Le banc peut accueillir de trois à cinq enfants selon leur taille. La nourriture est déposée devant chaque convive, mais aucun n'entame son assiette. Le grand-père réfléchit un instant et lance :

« Vous avez l'habitude de prier avant ? Oui ! Alors, on prie ! »

Dès ce moment, à chaque repas partagé, ce temps de reconnaissance pour la provision de Dieu, devient un temps de communion entre les deux familles.

Les compatriotes passent un temps de souper agréable et apaisant. À 20 h, tous sont invités à aller dormir et silence : on dort !

Le lendemain matin, Grand-père Gasser annonce qu'il est temps de parler ensemble. Tous s'expriment en suisse allemand, ce qui facilite les choses.

« Nous allons vous aider à trouver une ferme, mais nous ne ferons pas affaire avec les Fennec. Dorénavant, il n'est pas question de transiger avec eux. Ils ne sont pas dignes de confiance et nous ne ferons en aucun cas appel à leur service. Je ne vous demanderai rien pour moi, mais avec ces loups tout est terminé. Vous n'êtes pas les premières victimes de leur stratagème et maintenant, comme les autres, vous êtes coincés ici sans pouvoir retourner. Oubliez-les ! »

Mais les Fennec ont encore le dépôt de 10 000 $ des Aeschlimann.

Une voix forte brise le court silence dans la pièce :

« Si j'étais à votre place, je saurais bien quoi faire. Je retournerais ! Je vis ici depuis 30 ans ! Croyez-moi ! JE RETOURNERAIS ! »

C'est la voix d'une femme installée dans le cadre de la porte. M. Gasser, clairement agacé, lui reproche son envolée car elle ne peut décider que pour elle-même. Irène ne peut s'empêcher de faire le lien avec les paroles de découragement déjà entendues en Suisse à la conférence pour les femmes. Elle garde le cap sur son engagement envers Otto malgré tout, mais surtout envers Dieu.

« Que voulez-vous faire maintenant ? Demande leur ami.

Irène prend la parole :

- Nous voudrions récupérer nos 10 000 $ dans le dépôt pour la ferme Martel. Mais nous ne voulons pas faire de mal à ces gens. L'un des frères à 73 ans et ne sait ni lire ni écrire, de plus son frère et sa belle-sœur lui ont dit que, s'il vendait sa ferme, on le placerait dans un foyer pour personnes âgées. Le plus jeune, moins méfiant, avait accepté de vendre. Mais l'aîné craint que nous n'ayons pas suffisamment de revenus pour payer l'achat de leur ferme. Ce qui explique la peur et la colère lors de notre arrivée. Alors, nous souhaitons ne pas perturber cette famille davantage. Mais, renchérit Irène, mon beau-père m'a dit qu'il avait vu une ferme vraiment faite pour nous lors de sa visite au Canada en automne. La ferme des Messier.

- D'accord, dit M. Gasser, nous irons visiter la famille Messier, mais il est possible que les Fennec aient déjà mis les pieds là-bas. »

Le couple et leur nouveau mentor partent donc pour une visite, mais sans les enfants, restés avec Grand-mère Gasser. Arrivés sur place, dans le 8e rang de Sainte-Brigide d'Iberville, ils constatent que les Fennec sont déjà là, en pleine discussion avec les Messier. Le trio se retire donc le temps d'un café au restaurant et revient un peu plus tard. Les Fennec sont partis. Quand madame Messier aperçoit Otto Aeschlimann, elle le reconnaît pour avoir fait une visite l'automne précédent. Elle éprouve un grand plaisir de le revoir. Une fois l'introduction faite, les Messier discutent avec Ernest Gasser, mais, bien sûr, les Aeschlimann ne comprennent rien ! Contre toute attente, les Messier sont d'accord pour vendre leur ferme. Toutefois le prix est plus élevé, il est passé de 170 000 $ à 232 000 $. Les fermiers ont 100 000 $ plus les 10 000 $ encore dans les poches des Fennec.

Les Aeschlimann entame donc une requête au ministère de l'Agriculture pour obtenir un prêt. Le Gouvernement fédéral leur accorde 100 000 $ sur les 120 000 $ demandés. Un taux de 8 %. Un autre montant de 20 000 $ leur est alloué par une Caisse d'établissement grâce à une connaissance des Gasser qui y travaille. De cette façon, ils ont tout le montant nécessaire pour payer les Messier.

Les Aeschlimann comptent sur les 10 000 $ pour faire rouler la ferme. Mais les Fennec ne veulent pas leur redonner. De plus, ils comptent mettre la main sur la commission de la vente de la ferme des Messier. En effet, une loi au Canada donne un pourcentage de la vente à la première personne qui met les acheteurs en contact avec les vendeurs. Or, dans ce cas, c'est M. Gasser qui avait visité la ferme en premier avec Otto et son père Rudolf en juin 1974. C'est donc à lui que revient ladite commission et non au Fennec.

Ferme Messier à Sainte-Brigide-d'Iberville.
Elle devient la ferme Victoire des Aeschlimann en avril 1975.

Combat contre le doute

Jusqu'à la prise officielle de la ferme, les Aeschlimann résident chez les Gasser. Irène est tellement confrontée concernant ses méthodes de travail domestique par madame Gasser, que sa confiance est ébranlée. Madame Gasser la reprend sur tout. Irène, pourtant formatrice depuis des années, souffre maintenant de se sentir inadéquate et incompétente. Dans la cuisine ou dans chaque pièce de la maison, la dame la renote constamment et corrige son travail sur son passage. Quand même beurrer les toasts du matin est un sujet de remontrance, cela ne fait qu'amplifier le désir de se retrouver chez soi ! Là, elle fera les choses à sa façon, sans être stressée par des regards par-dessus son épaule. Il ne lui est reconnu que la compétence de laver la vaisselle et encore, essuyer est un art laissé à la grand-mère ! Une autre forme d'agression qu'Irène doit combattre, cette fois par la foi et le pardon, et rien d'autre.

Tous les diplômes accumulés à l'école d'agriculture, l'école de couture, l'école de commerce et du transport, et encore celui de l'école de formation pour les maîtres, fondent un à un chaque fois que la fermière aînée ouvre la bouche pour critiquer son travail. Elle est si ébranlée dans sa valeur de femme, qu'un matin, à la vaisselle du déjeuner, elle exprime son doute à son hôtesse en disant :

« Je ne sais pas si mon mari et moi faisons bien de nous acheter une ferme. Saurais-je faire le travail ? »

Madame Gasser jette son linge à vaisselle et s'échappe vers la chambre où son mari se prépare pour aller chez le notaire. Irène, elle, monte se changer pour aller au même rendez-vous. À sa descente, M. Gasser la prend doucement par le bras et lui dit avec sincérité :

« Veux-tu maintenant avoir confiance. Celui qui vous a dirigés jusqu'ici rendra les choses à son terme et vous dirigera aussi dans l'avenir. Et maintenant, allons acheter cette ferme ! Et vous en êtes certainement capables. Est-ce que tu comprends ?

Le ton amical touche une Irène blessée.

Elle le croit aussi : si Dieu les veut au Québec, ici en Montérégie, il prépare un endroit excellent pour sa famille. Et elle refuse de garder rancune envers madame Gasser. Elle choisit de garder les yeux sur la générosité de ses hôtes.

Irène parvient à répondre :

- Oui je comprends. »

Un tremblement dans sa voix cache mal ses yeux remplis de larmes. Comme une victoire sur l'ennemi, Irène monte dans la voiture des Gasser, au côté d'Otto, qui livre aussi ses propres combats contre le doute. Il ne parle pas beaucoup.

Otto dans un moment de réflexion.

Mme Messier, M. Messier, M. Gasser.

Signature chez le notaire Lacroix à Iberville.

Patience et encore patience

Ils passent donc chez le notaire ce 22 avril 1975. Tous les documents officiels sont en français. Le couple suisse n'a pas le choix que de faire confiance au ménage Gasser. Le marché est conclu et la propriété change de main.

« On a tout signé. On n'a rien compris. Pas un mot ! » disent Irène et Otto au compatriote.

Et M. Gasser confesse à Otto que cette transaction le rend tellement heureux, aussi heureux que si c'était un de ses propres fils qui l'avait réglé.

La ferme Victoire à ses débuts (1975).

Le 26 avril 1975, la famille déménage enfin sur la ferme du 8e rang de Sainte-Brigide d'Iberville. Ils occupent le sous-sol de la maison pendant deux mois, le temps que les Messier en construisent une nouvelle et quittent complètement vers Saint-Jean-sur-le-Richelieu. Ils ont une chambre, deux matelas par terre et un four pour cuisiner. Les Messier laissent une chambre au rez-de-chaussée pour le couple. Irène rêve de voir arriver le conteneur sur la nouvelle ferme. Mais le délai se prolonge et toute la famille doit s'accommoder du minimum. Elle achète quelques chaudrons et une poêle pour les besoins immédiats. Une table au plateau en coupe, laissée par les anciens propriétaires, fera l'affaire pour l'instant.

« Si les meubles et toutes nos affaires pouvaient arriver ! » soupire Irène chaque jour.

Leur conteneur est bel et bien arrivé à Montréal. Mais, une grève des débardeurs et des camionneurs, dans tout le Québec, prive la famille immigrante de ses biens pour plusieurs semaines.

Le Québec vit une période économique où la main-d'œuvre est en demande. Les travailleurs manifestent pour que les salaires soient bonifiés. Une grève des travailleurs de la construction et des camionneurs prend donc place comme moyen de pression. Ils ont à respecter des échéances immuables en raison des jeux Olympiques de Montréal à venir en 1976. Le gouvernement libéral de Robert Bourrassa impose donc un décret qui ramène tout le monde au travail. On verra le Parti Québécois prendre pour la première fois le pouvoir et René Lévesque deviendra le Premier Ministre du Québec en novembre.

Quant à la famille Aeschlimann, quelle aventure haute en émotions a-t-elle vécue jusqu'à présent ! Toutefois, aucun d'entre eux ne remet en question leur présence au Québec. Chacun prend les choses comme elles viennent. Irène surtout, reconnaît que Dieu lui donne souvent de l'avance sur les événements. Comme ce soir, sa mémoire est ravivée, anodinement devant les aliments étalés devant elle...

Elle se revoit lors de sa dernière visite dans une épicerie de Suisse, celle d'Erlach, accompagnée de Marlyse. Elle avait été poussée, par une conviction inexplicable, d'acheter des conserves de légumes, de viandes, de fruits et des confitures. Elles en avaient rempli un grand sac. Au retour à la maison, Otto l'avait questionné sur la pertinence des achats de nourritures préparées, car ils n'utilisent vraiment jamais, mais vraiment jamais cela.

« Nous vivons sur une ferme remplie de ces choses ! » avait argumenté son mari.

Elle avait simplement trouvé à répondre :

« Je ne sais pas. Je sentais que je n'avais pas le choix d'acheter tout ça. Il est vrai que ça fait bizarre tant de conserves... »

Et ce soir, en puissant dans la valise remplie de ces historiques conserves pour nourrir les siens, elle reconnaît la bonté de son Dieu manifestée dans cette conviction inexplicable. Elle se félicite d'avoir obéi simplement. Car leur réalité est celle-ci : ils n'ont pas encore accès à la maison entière, ils ne parlent pas français. Ils n'ont ni biens personnels ni ustensiles pour cuisiner, et ils sont sans argent ! Mais gloire à Dieu ! Ils ont la valise débordante de conserves !

Irène seule se souvient de cette question qui tout à coup fait un sens :

« Et si vous n'avez pas d'argent, iras-tu quand même au Canada ?

Elle répond de nouveau de tout son cœur :

- Oui Seigneur ! Si c'est pour ta gloire ! »

La ferme Victoire

Eurêka ! Le 1er mai 1975 marque la prise de possession officielle de la ferme qu'on baptise à juste titre : La Ferme Victoire. C'est le nom choisi par le gouvernement, parmi les trois suggestions du couple : Victoire, L'abri ou Bethesda. Aucune autre ferme du Québec ne pourrait porter un tel nom.

La famille devant la maison du rang 8.

En ce premier jour de mai, la chaleur et le beau temps s'installent. Le thermomètre indique 28⁰ C. Marlyse a 15 ans, Gérard a 12 ans, et Martin, 10 ans. Un jour fébrile pour les enfants Aeschlimann qui vivent, aujourd'hui, leur première journée de classe dans le système scolaire québécois. Marlyse fréquente l'École secondaire Jean-Jacques-Bertrand de Farnham. Gérard et Martin vont à l'école du village de Sainte-Brigide. Philippe, 5 ans, est toujours à la maison.

Les élèves Aeschlimann doivent composer avec le contenu de leurs valises qui se résument à des vêtements d'hiver. De nouvelles amitiés se forment avec les copains d'école. Marlyse souffre davantage de tous ces changements. On la classe en 4e secondaire en raison de ses bons résultats scolaires, obtenus à l'école suisse allemande. Mais, les difficultés rencontrées à cause de la langue dessinent des obstacles jusque-là inconnus pour elle. Heureusement, une famille de fermiers, voisins des Aeschlimann, les aide dans leur intégration, car ils partagent la même passion et la même foi. Ce sont les Reichenbach.

Un jour, Irène revient un peu attristée de l'épicerie, avec quelques victuailles que lui avait permis le dernier 20 $ de la bourse. Elle sort du garage pour rentrer ses provisions de pâtes, de riz et de céréales. Elle soupire en pensant au conteneur. Un nuage de poussière accompagne le bruit de pneus sur le gravier. Son attention est détournée vers une voiture qui se stationne près de leur maison. Trois hommes inconnus descendent de la voiture. Le trio est composé d'un pasteur et de deux anciens de l'Église Baptiste de Marieville. Ils s'adressent à elle en parlant lentement et poliment, si bien qu'Irène peut comprendre le but de leur visite. Il est venu à leurs oreilles que leurs enfants portent des vêtements trop chauds pour cette période de l'année, et que l'argent manque. Irène les conduit dans la maison et leur fait voir leur milieu de vie. Remplis de compassion, les hommes donnent à Irène un montant de 30 $. Ainsi ils quittent, mais reviennent quelques jours plus tard avec des vêtements d'été pour toute la famille, incluant des souliers. Otto prendra plaisir à porter les chemises du pasteur Richardson ! Irène est encouragée et éblouie, encore une fois, par la provision divine.

Armée de ce nouvel élan de foi, elle téléphone aux frères Fennec. Elle veut récupérer les 10 000 $ laissés en mise de fonds pour la ferme à laquelle ils avaient renoncé à Marieville. Les filous s'opposent à ce retour, prétextant qu'ils doivent prouver qu'ils sont dignes de confiance en affaires ! Irène est outrée et en colère devant cette injustice.

« Votre argent est dans les comptes des Services bancaires transfrontaliers Uni Trust. Je ne peux rien faire. Peut-être devriez-vous laisser votre argent dans cette banque », tricote Fennec.

Irène n'est clairement pas d'accord, mais que faire ?

Vingt-quatre heures plus tard, elle reçoit un appel d'un couple de professeurs de la Suisse. Ces gens ont pris contact avec Irène et Otto, bien avant leur départ de l'Europe. Leur intention est de se rendre disponibles pour donner un coup de main sur la ferme canadienne. Ils séjourneraient donc au pays en attendant leur départ pour une croisière vers l'Alaska. Le couple est au Québec depuis quelques jours et ils tentent de joindre les Aeschlimann, sur une ferme de Marieville, selon les dernières indications. Le nom « Gasser » émerge de leurs recherches déterminées. En protecteur paternel, M. Gasser refuse de donner la nouvelle adresse de ses amis et insiste pour que les voyageurs viennent le rencontrer chez lui. Ils font connaissance. Une fois l'homme prudent rassuré, il consent à mettre en contact les deux couples. Les compatriotes arrivent à la ferme Victoire qui est encore à ses balbutiements. Irène et Otto font davantage connaissance avec leurs nouveaux amis. Tout en discutant ouvertement de leur situation, Irène trouve en eux des alliés pour se rendre au service bancaire d'Uni Trust. Une autre grâce : la dame parle cinq langues, dont le français et l'anglais.

Le lendemain, donc, destination Montréal pour les trois Suisses allemands. Ils investissent le bureau du directeur qui les accueille en anglais. Il prétexte qu'il ne comprend pas le français et qu'il ne peut donc pas régler leur demande. Alors, l'amie vigilante répond, en anglais, qu'il peut s'exprimer en anglais car elle le comprend bien et le parle également ! Coincé à son manque de bonne volonté, il veut tout de même savoir qui est la première personne à avoir accompagné les Aeschlimann sur la ferme du rang 8. Alléluia pour cette loi canadienne qui reconnaît la part de la personne ayant initié la première visite d'un acheteur potentiel ! Quand la vente se conclut avec l'acheteur, une commission est versée à la personne qui est présente comme accompagnateur lors de la première visite. Un montant équivalent à 10 % du montant entendu lors de la conclusion de la vente.

« Qui a été la première personne à aller visiter cette ferme avec votre mari, Mme Aeschlimann ? Demande le banquier.

-C'est M. Gasser. » qu'Irène répond avec vérité.

- Vous êtes certaine ? Ce n'est pas M. Fennec ? Continue l'homme.

- Non, c'est M. Gasser. » insiste-t-elle, provoquant la colère du banquier.

Avec cette information, il est maintenant incontournable que, selon la loi, il doive redonner les 10 000 $ aux Aeschlimann. Mais M. Martel doit signer pour débloquer cette somme. Irène sait qu'il avait déjà refusé une fois de collaborer avec elle dans ce sens. Qu'à cela ne tienne, elle ose demander au banquier les papiers à signer. Elle retournera elle-même le rencontrer pour obtenir son aval.

Papiers en main, elle et ses amis se rendent chez M. Martel à Marieville, dès le lendemain. Il la reconnaît immédiatement.

« M. Martel, j'ai besoin de votre signature pour récupérer les 10 000 $ laissés en dépôt pour votre ferme.

- Je ne sais pas lire. Pourriez-vous me lire le texte de ce document s'il vous plaît ? Mais que mon frère ne nous voit pas car il est furieux ! »

Et là, dans l'étable, elle lit pour lui ce qui est mentionné sur les feuilles à signer. Il signe. Elle sort sans être gênée par qui que ce soit.

Ils retournent au bureau d'Uni Trust à Montréal. Les documents signés et approuvés confirment la disponibilité des fonds pour le couple de fermiers. Ils quittent Montréal pour Beloeil. Victoire ! Irène a le chèque bien en main. Là elle le dépose dans une institution financière. Sur la route qui les ramène à Sainte-Brigide, Irène est étourdie et soulagée à la fois. Son regard se perd dans l'immensité de ce nouveau pays et dans la lumière du printemps qui s'anime prudemment d'un vert tendre. Soudain, au centre de la grande place de Marieville, un objet familier la sort de sa contemplation, une grosse masse grise... Là, seul au milieu de la place, comme un monolithe venu de l'espace, se trouve le conteneur de la famille ! Impossible de le manquer ! Leur trésor avait été livré à la ferme Martel, mais, ne sachant où trouver les propriétaires, les camionneurs l'avaient placé à cet endroit, bien en vue. Dieu avait, une fois de plus, orchestré l'itinéraire de la journée d'Irène. Comme à la fin d'une longue course, elle sent qu'elle a tout supporté avec endurance. Elle laisse couler des larmes de soulagement et de contentement. Le même jour, recevoir les 10 000 $ et le conteneur la remplissent d'une joie sans nom. Heureuse, elle se dit qu'elle comprend peut-être, pour la première fois, le sens du mot béatitude.

Le conteneur est vidé dans un hangar de la ferme en attendant que la maison soit libérée. Le précieux cahier contenant le plan et le contenu des boîtes à pommes rend les retrouvailles efficaces. Malgré tout le trajet, deux verres cassés composent les seuls dommages du butin. Irène aura de bonnes nouvelles à partager à sa sœur Ursula dans la prochaine lettre. Elle sait qu'elle comprendra sa joie.

Le contenu du conteneur est entreposé temporairement dans un des hangars.

Confusion de langage

Quand les Aeschlimann ont acheté la ferme, le grand-père Gasser, qui leur sert de conseiller, les avait bien avisés de ne rien acheter sans le consulter ; surtout la première année : machinerie, terres, outils ou autre, rien ne doit être acheté sans son avis. Il les invite à vivre une année complète de travail, pour mesurer autant les possibilités que les besoins de leur ferme. Irène et Otto doivent tout de même composer avec la négligence des Messier. Au moment où ils prirent la décision de vendre, les Messier prirent aussi celle de ne rien réparer de ce qui brisait. Beaucoup de choses ont donc besoin de réparation ou d'être carrément remplacées.

Avec l'automne, la chaîne, qui entraîne le fumier à l'extérieur de l'étable, fait partie des réparations incontournables à effectuer. Chaque bris et chaque achat est un défi pour Otto, mais encore davantage pour Irène, qui doit comprendre tout le vocabulaire français inhérent au besoin du jour : achat, contrat, paiement, etc. Elle reçoit une lettre de la caisse. Le montant de 1,95 $ apparaît au bas du document qu'elle sait ne pas être une facture. Pour plus de clarté, elle cherche de l'aide auprès de M. Messier. L'ex-propriétaire de la ferme répond qu'il ne sait pas lire. Mais, il est alarmé croyant que Les Aeschlimann n'ont plus que ce montant en banque, et qu'ils ne pourront lui donner le dernier paiement de 100 000 $ pour conclure l'achat de la ferme. Il fonce chez le grand-père Gasser pour l'en avertir.

Quelques jours plus tard, Irène se rend à son tour chez les Gasser, car l'homme, avec un certain talent de barbier, va jusqu'à couper les cheveux des garçons Aeschlimann. Irène les visite donc avec Philippe. Le grand-père fait des reproches à Irène concernant leur gestion et les menace de leur retirer leur aide s'ils ne collaborent pas mieux à son mentorat ! Comment peuvent-ils avoir atteint un solde de 1,95 $ dans leur compte, sinon en faisant des achats sans consultation ? Et cette chaîne, ils en ont fait une dette ou est-elle payée ? Irène, agressée par ce jugement sans fondement, revient en pleurs auprès d'Otto. Clairement, une mise au point s'impose. Otto téléphone au barbier réactionnaire pour lui expliquer la situation réelle et le vrai solde de leur compte en banque. M. Gasser est rassuré et comprend l'achat stratégique en prévision de l'hiver. Son ton change. Dorénavant, il sera d'une aide précieuse pour la compréhension de toutes les lettres administratives ou gouvernementales.

La deuxième année, ils agrandissent l'étable.

Les dindes sont une source de revenus importante. Dans ce domaine, M. Gasser est moins avisé, alors il redirige Irène vers un grand cultivateur de Saint-Grégoire, M. Robillard. L'éleveur de volailles profite un peu de la situation. Irène ne comprend pas bien toutes les lignes du contrat. En réalité, il propose à Irène ses bons conseils en échange d'un contrat d'achat de moulée à sa meunerie. Irène et Otto acceptent sans le conseil de M. Gasser. En fait, dès le départ, il leur avait conseillé de garder le contrat avec la même meunerie qui transigeait avec les Messier. Malheureusement, ils apprirent à leurs dépens, que cette entente était à l'avantage du meunier seulement. Un an plus tard, ils ne la renouvelèrent pas, mais furent dirigés par M. Gasser vers une meunerie d'Agropur. Le jumelage est équitable cette fois.

Quelques années plus tard, les Aeschlimann construiront leur propre meunerie.

Vue aérienne de la ferme (1978). Au nord, le village de Sainte-Brigide d'Iberville.

Ferme Victoire (1975).

Irène qui communique en français avec tous les intervenants de la ferme Victoire (1976).

Agrandissement de la ferme (1982). Vue aérienne vers l'est.

La ferme Victoire aujourd'hui.
À droite, une vue aérienne de la ferme du rang 8.
Au bout de la petite route de gravier, les terres et la ferme du rang 9.
Au loin, les Appalaches.

Communauté et fraternité

Une réunion de prière prend place le vendredi soir, une semaine sur deux, à Sainte-Brigide d'Iberville. La famille d'Irène et d'Otto Aeschlimann du rang 8, et celle de Marlyse et Pierre Reichenbach du rang 9, en composent les participants. On interchange le lieu du rassemblement, tantôt dans un rang, tantôt dans l'autre. Le couple Reichenbach a quatre enfants également. Ils sont arrivés au Canada un mois avant les Aeschlimann. Ces rencontres fortifient la foi des deux familles et sont une source d'encouragement pour tous.

Curieusement, c'est après avoir lu l'annonce de la vente à l'encan de la ferme des Reichenbach dans le Canton suisse de Wallis, qu'émergea, pour la première fois, la possibilité de venir au Canada dans la tête d'Otto. Ils s'étaient donc rencontrés en Suisse à la suite de l'invitation téléphonique d'Otto, clairement intrigué par leur choix. Une belle entente s'amorce en Suisse et continue dans leur voisinage au Québec.

Le couple Aeschlimann (1975).

Quelques années plus tard, par une série de circonstances, la ferme Reichenbach du rang 9 deviendra la propriété des Aeschlimann en 1988. La ferme Victoire double ainsi en superficie.

CHAPITRE 7

Les chroniques familiales

Irène fâchée contre Otto

C'est l'hiver, Irène est en train de laver les armoires de la cuisine et soudain une lassitude monte en elle :

« Chez toi, je dois seulement travailler. Travail ! Travail ! Travail ! »

De plus, faire constamment l'interprète pour Otto lui met beaucoup de responsabilité et de pression. Elle n'a pas droit à l'erreur. Mal interpréter les propos d'un vétérinaire ou d'un agronome pourrait entraîner des conséquences terribles sur les décisions à prendre. Cela sollicite grandement Irène. Par moment elle est fatiguée et débordée.

Un jour, sous les conseils du vétérinaire, entre autres, elle devait vacciner chacun des dindons dans le cou, un à un. Des milliers de petits seront en péril sans ses soins. Une année, ils avaient perdu des milliers de dindes intoxiquées par l'humidité et la fermentation de leur mangeoire.

Avec l'aide d'Otto, Irène, conseillée et formée par le vétérinaire, vaccine 5000 dindons.

Le soin aux dindes est sa spécialité et sa tâche journalière, mais elle doit souvent laisser son travail pour aller faire des courses pour son mari et s'efforcer de comprendre le besoin ponctuel.

Elle pense abandonner, mais se ravise et reprend la décision à chaque fois de continuer. Que veut-elle ? Alléger sa vie. Alors, elle étudie les verbes en français pour mieux communiquer.

Bientôt, le jour viendra où, les enfants seront grands, ils pourront voyager davantage et prendre des vacances qui font du bien.

Marlyse, en Suisse, avec oncle Walter Hofmann.

Marlyse

Elle a 15 ans quand elle arrive au Québec. Bien que ses parents prennent ce virage sans vraiment l'avoir consultée, elle sait que son attitude a le pouvoir d'influencer ses trois frères. Dès le début du projet, une année plus tôt, elle soutient ses parents quand ils partagent le dessein de partir vivre au Canada. Ils souhaitent être enfin propriétaires et le Québec offre de belles opportunités.

Dès ce moment, l'adolescente est excitée par cette aventure outremer. Un album de photos de fermes canadiennes, laissé par les agents d'immeubles, nourrit son imaginaire. Dans les années 70, les médias sociaux et Internet ne vivent encore que dans les scénarios d'Orson Wells ou dans les films de Georges Lucas. L'adolescente de 14 ans consulte les images pour visualiser ce que pourrait être leur vie dans cet ailleurs québécois. Forts de leurs visites au Canada, ses parents parlent de cette terre d'accueil avec intérêt. Otto, surtout, semble se projeter naturellement dans les plaines en Montérégie.

Le dernier mois vécu en Suisse se passera dans une maison meublée seulement de matelas directement sur le plancher. Tout le reste est entreposé dans le conteneur qui est déjà en route pour le Canada. Et c'est dans ce contexte minimaliste que Marlyse vit ses premières règles, hélas accompagnées de maux de ventre qui la gardent au lit.

Le jour du départ se lève et tous s'envolent sur les ailes du printemps helvétique déjà coloré, au-delà de la mer, à l'ouest de leurs racines.

La famille débarque au Québec en mars 1975. Premier regard : Où sont les fleurs ? Quelques heures après leur arrivée, ils sont encerclés par une tempête de neige. Les fleurs et les couleurs du printemps aperçues en Suisse mettront plusieurs semaines à s'exprimer au Québec. C'est le premier choc pour la belle Marlyse. Aînée de la famille de quatre enfants, elle est beaucoup plus consciente que ses jeunes frères du grand changement qui meuble maintenant la vie de sa famille. Une fois le balbutiement et les tergiversations de l'arrivée passés, elle s'installe avec les siens dans la nouvelle maison familiale, où ses parents sont propriétaires pour la première fois. Elle est d'un tempérament doux et collaborateur. Elle aide Irène du mieux qu'elle peut. Elle l'accompagne parfois dans des encans pour acheter des quotas de lait. Elle est propulsée, dans les affaires de la ferme, plus tôt qu'elle ne le souhaite.

En mai 1975, Marlyse entre à l'école secondaire Jean-Jacques Bertrand de Farnham. En Suisse, son école comptait une centaine d'élèves. Au Québec, elle en compte 1500. Elle est la première fille non catholique, non-francophone dans toute l'histoire de cette polyvalente. Elle ne comprend pas pourquoi on lui demande constamment si elle aime Hitler. Les élèves autour d'elle font des raccourcis et associent sa langue maternelle à l'Allemagne. Elle parle un peu français et peut ainsi leur dire qu'elle est suisse et non originaire du pays d'Hitler. Elle est vive, pétillante. Elle se fait des amies facilement. Heureusement, car la correspondance qu'elle entretient avec ses amies suisses s'espace et s'effrite. Pour ce qui est du contenu pédagogique des cours, là s'amorce une série de difficultés pour elle. La nouvelle arrivante ne maîtrise pas encore le français, la langue d'enseignement. Sa confiance en prend un coup. Elle échoue son 4e secondaire malgré les notes resplendissantes qu'elle obtenait en Europe. Et c'est justement à cause de ces très bons résultats qu'on la place, à 15 ans, en 4e secondaire et non en 3e secondaire, comme il aurait été normal de le faire pour son âge. Ou même mieux, en 2e secondaire comme elle est immigrante. Les classes d'accueil pour l'immersion française ne sont pas encore un service disponible en région.

Marlyse au centre. Irène porte le costume traditionnel suisse.

Désillusionnée de sa vie d'élève au Québec, à 16 ans elle demande à ses parents d'aller poursuivre une année d'études en Suisse. Ce qu'on lui accorde. Elle fréquente donc une école ménagère et de langues dirigée par des diaconesses, c'est-à-dire des femmes célibataires protestantes qui portent un uniforme. Une moitié des élèves étudient en allemand, l'autre en français. Pendant dix mois, Marlyse fera partie du groupe francophone. Puis, elle revient au Québec.

Elle décide de compléter son secondaire et de poursuivre ensuite des études d'infirmière en 1979. Il est important pour elle d'apprendre sa profession en français afin de bien s'intégrer dans son milieu de travail québécois. Elle sera diplômée du Cégep de Saint-Jean-sur-Richelieu en 1982.

Le gouvernement libéral de l'époque fait des coupures majeures dans ce qu'ils ont appelé « le virage ambulatoire « . Dorénavant, les hôpitaux ne peuvent plus engager de nouveaux infirmiers ou infirmières. Alors, Marlyse décide d'aller travailler en Suisse.

Elle trouve un emploi à l'hôpital de Fribourg, dans le Canton de Fribourg. Elle peut alors travailler en français. Et nul besoin de permis de travail étant suisse. C'est aussi à cette époque qu'elle apprend l'informatique dans les soins infirmiers. Elle sert souvent d'interprète entre les patients allemands et les médecins français. Elle y habite et y travaille pendant un an.

La jeune femme revient au Québec quelques mois, satisfaite de son expérience en Europe. De plus, cela lui a permis de mieux connaître sa famille demeurée en Suisse. Elle a pu aussi voyager en France et en Italie pendant ses congés. Mais, Jacob Fankhauser est de retour au Québec. De son côté, il a travaillé dans l'Ouest canadien toute une année. Et le désir de Marlyse, de revenir dans son pays d'adoption, est motivé sans conteste, par celui de Jacob. Elle fera tout de même quelques séjours en Suisse.

Irène et Emma au centre, premier voyage en visite au Canada.

Emma confuse en visite au Canada

En 1975, Emma a 73 ans. Elle se réjouit de pouvoir visiter sa fille Irène au Canada, et voir le Québec. Dans les derniers mois, elle a développé de l'artériosclérose et doit être médicamentée.

Malheureusement cette pathologie lui cause des problèmes de sommeil et des épisodes de confusion sévère. Ursula, la sœur d'Irène, avait pris bien soin, lors du départ de sa mère, de demander à l'agent de bord de veiller à sa sécurité. Elle ne la laissera que lorsqu'elle serait en présence de sa fille Irène Aeschlimann qui l'attend à Montréal. Pendant le vol, la passagère malade s'agite et oublie qu'elle se trouve en avion, elle se croit à une noce et veut sortir. Les agents de bord la déplacent vers la première classe pour apaiser l'émoi chez les autres passagers. Il est ainsi plus facile de veiller sur elle. L'avion se pose à Montréal et l'employée de Suisse-Air amorce la dernière phase de sa tâche en accompagnant Emma à l'extérieur, sur la piste d'atterrissage, vers la zone de débarquement internationale. À cette époque, les gens descendaient des avions ou y montaient en marchant à l'extérieur de l'aéroport de Mirabel. Les Aeschlimann attendent Emma dehors. Interpellée en route par un client qui cherche des informations, l'agente de bord détourne son attention et voilà que grand-mère Hofmann en profite pour se sauver. Elle se réfugie dans un hangar car la journée est avancée et il fait déjà sombre. Des employés bienveillants constatent sa confusion et la conduisent au kiosque de Suisse-Air. Dans son sac à main, on avait trouvé son identité et sa provenance. L'intercom de l'aéroport fait entendre le nom d'Irène Aeschlimann avec une invitation à se rendre au comptoir désigné. Une fois en face de sa mère, Irène est heureuse, mais Emma ne la reconnaît plus. Elle la prend pour sa sœur Marie. Elles attendent toutes deux qu'Otto les prenne avec la voiture. Étourdie par le roulement et la parade des autos qui accueillent les arrivants, Emma se plaint de fatigue et s'assoit sur le premier siège trouvé : les valises d'une inconnue. Irène doit poliment lui faire oublier cette alternative et enfin elles s'engouffrent dans la voiture familiale. Irène ne sait que penser. Sa mère ne dit pas un mot tout le long du trajet qui les mène de Montréal à Sainte-Brigide d'Iberville. Le couple lui partage combien les enfants ont hâte de la voir et comment ils se sont occupés eux-mêmes de la traite des vaches pour libérer leurs parents aujourd'hui.

« Cela ne se peut pas, dit-elle, ce sont des bêtises ! » s'exclame Emma, ne laissant aucun doute sur son état inhabituel.

À la ferme, elle est de mauvaise humeur et refuse les câlins des enfants hébétés. Sans demander son souper, elle se dirige vers sa chambre pour la nuit. Mais, la femme confuse réveille le couple souvent pour des pacotilles :

« Viens me donner un verre d'eau ! » Irène s'exécute.

« Je ne veux pas un verre plein, je n'en veux que la moitié ! Plus vite ! »

C'est ainsi qu'elle formule ses requêtes plusieurs fois pendant son séjour. Otto, voulant soulager Irène, s'implique à son tour à la livraison des commandes, mais la dame l'accueille en lui disant :

« Pas toi ! Je veux Irène ! »

La pauvre grand-mère est si troublée que son gendre doit la tirer d'une armoire qu'elle a prise pour lit. Une autre fois, complètement nue, elle se présente dans la cuisine en prétextant que c'était la nouvelle mode ! Irène, inquiète devant la détresse de sa mère, demande conseil à ses fidèles amis les Gasser. L'homme accompagne Irène et Emma dans une clinique de soins de santé. Si elle habitait au Québec, elle serait hospitalisée, mais comme ce n'est pas le cas. « Elle doit dormir », résume la prescription du médecin. Il donne une ordonnance de pilules pour répondre à cet impératif. Effectivement, quelques jours et quelques bonnes nuits plus tard, Emma retrouve ses esprits au grand soulagement de tous.

Un concitoyen suisse, connaissance d'Otto, était aussi au Québec en visite. Une fois les quatre semaines de vacances de grand-maman Hofmann terminées, l'ami accompagne Emma dans le trajet du retour, en sécurité vers la Suisse.

Un an plus tard, Emma téléphone au couple pour demander d'être reçue en visite une fois de plus, même si, selon son expression, j'ai eu un comportement « pas correct » la dernière fois. Irène répond que oui, elle peut venir bien sûr, à condition qu'elle ne soit pas seule et que quelqu'un veille sur elle durant son parcours. Cette personne sera logée gratuitement chez les Aeschlimann, c'est la nouvelle condition imposée. La voyageuse a recruté une amie veuve, dont le mari souffrait de la même maladie qu'Emma. Cette amie dispense patience et encadrement selon les attentes des Aeschlimann.

Deuxième voyage d'Emma au Canada

Lors de ce deuxième voyage, les femmes se rendent à Pike River pour visiter la famille Gasser. Emma formule à Mme Gasser sa gratitude sur l'accompagnement avisé qu'elle et son mari déploient envers Irène :

« Je vous remercie pour avoir bien dirigé ma fille ! » verbalise Emma à ses nouveaux amis.

En fait, elle est reconnaissante que cette dame libère Irène d'un tel perfectionnisme dans le travail. Sinon, c'est l'épuisement qui la menace certainement. Irène, en effet, comprend par les commentaires de grand-mère Gasser, qu'elle doit accepter que certaines tâches ne soient pas faites selon ses idéaux, mais avec efficacité. Elle doit souvent répondre aux besoins de la ferme en faisant des courses pour Otto et laisser du coup ses tâches en plan. Alors, non, il n'est pas nécessaire, de repasser les mouchoirs et les linges à vaisselle ! Et il est plus judicieux aussi d'éduquer les enfants à se servir eux-mêmes une collation au retour de l'école, pourvu qu'elle permette de tenir jusqu'au souper ! Les former aussi à assumer certaines tâches domestiques. Emma avait compris cela très tôt dans sa vie de fermière et se réjouit que cette stratégie soit enfin adoptée par sa fille. La passion de la perfection a été mise en veilleuse chez Irène. Elle pourra ressortir au moment où la retraite de la ferme le permettra.

« Le Canada m'a transformé », triomphe Irène. J'avais deux choix : je laisse crever ma famille avec moi ou je laisse aller les choses ! »

Elle choisit le deuxième à son plus grand soulagement. La maison est très souvent une auberge pour des compatriotes voyageurs. Otto et Irène sont généreux et hospitaliers, avec ces qualités vient un lot de travail. Pour son bien-être, elle renonce à agir en craignant d'être jugée par le regard des autres.

M. Gasser et Otto. Au Québec, on enlève nos souliers pour entrer dans les maisons !

Emma connaît, à cette période de sa vie, des moments plus doux. Elle qui avait été affligée par tant de deuils, a aussi vécu une forme de rétablissement, de guérison pour son âme. Vers la fin de sa vie, elle retrouve la capacité de se projeter avec la joie de connaître ses petits-enfants, ceux d'Irène, de Walter et d'Ursula.

Emma. De novembre 1976 à avril 1977

C'est la fête d'Irène le 9 novembre. Elle a 39 ans. Été pluvieux que celui de 1976, mais tout de même bon pour nos agriculteurs. L'automne a certes son lot de travail avec les récoltes et les labours, mais l'hiver donne droit à un certain répit. Ursula téléphone à Irène pour souligner sa fête et du même souffle lui apprend qu'Emma, leur mère, est malade. Elle fait toujours de l'artériosclérose. Tout de suite Irène est animée du désir de visiter sa mère. Irène ne peut compter sur sa fille pour assurer la responsabilité des repas de la famille, car Marlyse est en Suisse, à Iseltwald. Et même si Marlyse bénéficie de cours de cuisine là-bas, ici au Canada, Irène doit trouver quelqu'un pour prendre la charge des soins domestiques pour la maisonnée. Alors son choix se tourne vers Martin. Le nouveau stagiaire accompagne sa mère dans toutes les tâches utiles incluant le lavage, le ménage et la cuisine. Il peut aussi compter sur une réserve de nourriture préparée par Irène, disponible au congélateur. Le jeune homme de 13 ans est partant pour relever le défi et Irène est rassurée, tant et si bien qu'elle peut quitter en toute quiétude pour la Suisse en février 1977. Martin prend tellement sa responsabilité au sérieux qu'il manque même sa journée d'école le jour du retour d'Irène, histoire que la maison soit propre à son arrivée car, dit-il à une de ses enseignantes :

« Ma mère est très fatiguée quand elle revient de voyage. »

Martin, fils et stagiaire d'Irène.

Irène arrive en Suisse. Sa mère est à l'hôpital de Gumligen, près de Bern. Emma est tellement confuse que le personnel médical la garde sous contention dans son lit. Souffrant de confusion et d'errance, elle s'inflige plusieurs fois des blessures. Une fois, laissée sans surveillance, elle tente de retourner chez elle. Elle le fait en empruntant l'autoroute vers Bern... à pied !

Un automobiliste compatissant la prend avec lui et remarque tout de suite qu'elle est confuse, incapable de dire où elle veut aller. Prudent, il amène Emma à la police. On découvre dans son sac le numéro de téléphone de Walter Hofmann, son fils. Entre-temps, l'hôpital alerte Walter de la fugue de sa mère. Il rejoint Emma et la reconduit au centre de soins. À partir de ce moment, le médecin use de contention chimique, ce qui diminue énormément la qualité de vie d'Emma. Dès lors, elle est souvent prise d'hallucinations qui la terrorisent.

Irène est triste de voir sa mère si diminuée. Chaque jour, Irène la visite et la détache pour la faire bouger un peu. Irène revient au Québec pendant le mois de mars. Elle fait toutes les démarches auprès des médecins pour que Grand-Maman Hofmann vienne vivre avec elle et sa famille au Canada. Mais on lui refuse cette requête. Plus le temps passe, et plus la médication offerte à Emma est forte et l'immobilise au point où elle ne peut plus marcher. Emma décède dans cet hôpital de Siloa, dans le village de Gumligen le 24 avril 1977, presque 20 ans jour pour jour après son époux Hans. Pour Irène, cette façon contrôlante de soigner sa mère est questionnable et pourrait, vraisemblablement, avoir précipité sa perte.

Emma et Irène, lors d'un repas au jour de l'an 1975, des jours plus heureux.

CHAPITRE 8

Et si..., iras-tu quand même au Canada ?

Décembre 1977. La maladie de Gérard

Les Aeschlimann sont tous au salon, enthousiastes de fêter Noël. La frénésie est là dans l'attente de manger et de déballer les cadeaux. L'odeur de mets copieux flotte dans cette maison endimanchée pour la saison des Fêtes. Noël représente, pour les chrétiens, ce temps de l'année où il est bon de se rappeler la venue de Dieu dans les traits d'un petit enfant. Joie dans le monde le Sauveur est né !

Gérard est assis près d'Irène sur le divan. Pris d'une grande fatigue, il informe sa mère qu'il préfère aller dormir que de rester pour fêter Noël.

« J'ai tellement mal à la tête, je ne me sens pas bien. Je vais aller au lit.

Irène pense qu'il a une petite grippe et que dormir est un bon remède, en effet.

- D'accord mon fils », acquiesce Irène.

Et la fête prend place sans l'aîné des garçons.

Le lendemain de la fête, Gérard est toujours souffrant. Quelques jours passent. Irène impose une visite chez le Docteur Doucas qui redirige le jeune homme vers des examens plus poussés à l'hôpital de Saint-Jean-sur-Richelieu. Après la prise de sang,

Gérard a le regard fixé sur l'infirmière comme incapable de s'en détacher. Elle leur donne congé, mais, devant l'inertie du patient, l'infirmière questionne :

« Est-ce qu'il comprend bien le français ?

- Mais oui il comprend le français. »

Irène, sort le jeune homme de sa léthargie avec une voix ferme :

« Gérard, lève-toi maintenant ! » Elle doit même l'aider à mettre son manteau. Mais quel est ce comportement bizarre jamais vu chez son fils ? Ils retournent à la maison.

Le même scénario se répète. Irène doit intervenir devant la lenteur du garçon.

« Gérard sort de l'auto et vient dans la maison. »

Gérard est méconnaissable : lui, tant collaborateur, est empesé. Il arbore un visage empreint de colère. Les deux entrent finalement dans la maison.

Gérard se rend directement dans sa chambre et s'étend sur son lit. Aux heures de repas, il ne répond pas à l'invitation et refuse de manger. À 15 ans, c'est inquiétant. On questionne ses réactions maintenant imprévisibles et étranges, voire dangereuses pour lui, et les autres.

Le médecin rappelle en soirée. Ils ont rendez-vous dans une clinique médicale à 20 h ce 30 décembre. Irène et Otto s'y rendent flanqués de Gérard, visiblement égaré. Après examen, le médecin prescrit :

« Vous devez aller avec votre fils à l'hôpital, mais n'y allez pas ce soir, attendez plutôt demain. Je vais les avertir de votre arrivée. »

Irène, inquiète et troublée, doit combattre sa crainte. Elle se remémore le décès récent de sa mère. Avait-elle reçu les soins appropriés à sa condition ? Traitée en psychiatrie, avait-elle été surmédicamentée pour son état ? Est-ce que son fils souffrant aura droit à ce genre de traitement ? Son inquiétude l'emporte. Elle se braque et dit au médecin :

« Je suis capable de prendre soin de mon fils. Je ne veux pas l'amener à l'hôpital ! »

Avec un regard de compassion, le médecin lui confirme qu'elle ne pourrait soigner Gérard et qu'il doit être hospitalisé sans faute.

« Savez-vous ce qu'il a ? Demande Irène.

Otto assiste à la scène avec une compréhension approximative du français. Mais il saisit que la situation est sévère.

- Oui, il fait une encéphalite.

- Qu'est-ce que c'est ? S'il vous plaît, écrivez ce mot sur une feuille que je fasse des recherches en allemand. »

De retour à la maison, elle effectue des recherches dans son grand livre de médecine, cadeau d'un médecin suisse. Elle est bouleversée et comprend la gravité de cette infection qui s'attaque à l'enveloppe du cerveau, créant des pressions énormes sur son crâne perturbant tous ses repères. Les cas d'encéphalite sont très rares au Canada, dans un pays nordique. C'est un virus qui s'attrape par la bouche quand le système immunitaire est dans un état de grande faiblesse. Tous ignorent à quel endroit Gérard a pu attraper ce virus. Il est un cas exceptionnel. L'enflure de son cerveau transforme sa réalité et même sa personnalité.

Le lendemain matin, Irène doit convaincre Gérard de les accompagner à l'hôpital, mais il refuse même de se lever. Alors Irène monte le ton et ne lui donne pas le choix qui, à cette fermeté, collabore comme un automate. Elle l'aide à enfiler son pantalon et sa chemise, ses bas et ses chaussures. La sœur et les frères de Gérard sont inquiets et ne saisissent qu'en partie la situation. La voix sèche et autoritaire d'Irène est chose rare dans cette maison. C'est le départ pour l'hôpital.

Une fois assis dans l'auto, Gérard conteste son besoin d'aller à Saint-Jean pour quelques soins. Ils arrivent à destination. Fatiguée d'argumenter, Irène ouvre la portière arrière, attrape les pieds de son fils et les tire hors du véhicule. Elle le prend ensuite par le bras pour le diriger. Gérard est lent. Son système moteur ne réagit plus aux stimuli verbaux, il faut constamment amorcer avec lui le mouvement adéquat, sinon il demeure immobile.

Une fois à l'intérieur, le personnel de soin les informe que Gérard sera placé en psychiatrie et que les visiteurs sont interdits pour les trois prochains jours. Irène est secouée par cette nouvelle. En psychiatrie, sans visite ! Son fils bien-aimé, malade et seul, dans un lieu qu'elle ne connaît pas ! Dans une section qu'elle ne connaît pas ! En revanche, elle sait que trop intimement ce qu'est cette atmosphère trouble, ayant été hospitalisée, sept ans plus tôt, dans une aile semblable d'un hôpital en Suisse, après la naissance de son cadet. Elle doit se résoudre à faire confiance, mais c'est une lutte. Otto et Irène le quittent. Mais une partie d'eux reste avec lui.

Ce soir du 31 décembre 1977, leur âme n'est pas aux réjouissances d'une veille du jour de l'an.

Ils se joignent tout de même à la famille Fankhauser qui les a chaleureusement invités à « défoncer » l'année avec eux. Ils ne disent rien de leur fardeau à leurs amis pour ne pas ternir la soirée. Cependant, ils rentrent tôt à la maison, alourdis de tristesse.

Au matin, le soleil se lève timidement sur la ferme du rang 8. Incontestablement, le calendrier affiche le 1er janvier 1978. Chacun des membres de la famille prolonge son temps au lit ce matin-là, on jongle avec les derniers événements. La sonnerie du téléphone ramène les esprits. C'est l'hôpital ! Bonne nouvelle : Gérard n'est pas un cas pour la psychiatrie. On consent à ce qu'une seule personne le visite. Otto reste sur la ferme, Irène va le visiter, mais ne sait pas à quoi s'attendre. Lorsqu'elle le retrouve dans une chambre, Gérard est couché, il n'a pas le droit de lever la tête. Précautions en raison d'une ponction lombaire subie quelques heures plus tôt. Là couché, il regarde Irène avec affection. Elle comprend qu'il est revenu à lui-même, totalement.

Gérard adolescent.

Ils entament une discussion fort révélatrice de sa condition de santé :

« Maman, est-ce que j'ai rêvé ou si c'est arrivé pour vrai ? Est-ce que j'ai vraiment mordu ton doigt ? demande Gérard, avec une forme de crainte dans la voix.

- Non, tu n'as pas rêvé. Tu as vraiment mordu mon doigt. Marlyse et moi nous essayions de te faire manger un quartier d'orange, mais tu refusais » explique Irène sur un ton presque amusé, elle, si soulagée de le voir « de retour. »

- Je m'excuse Maman. Je ne voulais pas te faire de mal. Quand je suis arrivé à l'hôpital, on m'a fait une ponction lombaire. Et tout à coup, pendant qu'on faisait cette ouverture dans mon dos, je me suis réveillé. À cause du liquide libéré, la pression a baissé dans ma tête. Mais je ne savais pas si j'avais rêvé ou non cette histoire. »

Après dix jours d'hospitalisation, Gérard revient à la maison. Mais, coup de théâtre, voilà que son comportement redevient étrange et audacieux. Il affiche maintenant son visage dur et impassible des moments de crise. Et ce qui se passe dans sa tête, il le révèle par des discours troubles. Une fois, Irène est assise près de lui alors qu'il est étendu sur son lit. Et le voilà qui commence un discours stratégique sur le bon fonctionnement de la ferme, en imposant à Irène de ne surtout pas l'interrompre, histoire de ne pas perdre son idée. Ce à quoi la mère acquiesce.

Il parle de réorganiser la ferme pour que ça fonctionne bien entre eux deux. Mais il ne parle pas de son père, ni de Marlyse, ni de Martin ou de Philippe. Il parle seulement de lui et d'Irène dans ce plan, et d'un employé pour s'occuper des vaches. Il avouera plus tard, après être revenu à lui, que dans sa tête c'était la guerre et que tous les autres membres de la famille étaient enterrés dans un cimetière improvisé derrière la maison. Ce genre de scénario fait partie des symptômes de l'encéphalite.

Une fois, il se lève précipitamment de sa place et sort en courant de la maison des Aeschlimann. Il monte dans l'auto du stagiaire, démarre et part en ligne droite à pleine vitesse sur le rang de Kempt. Otto en le voyant quitter de cette façon le suit avec sa voiture. Trop loin de la réalité et absorbé par ce qu'il croit vivre, il manque une courbe importante et perd le contrôle. Le voilà survolant un fossé, atterrissant de l'autre côté comme s'il avait fait un stationnement en parallèle. Il est sain et sauf. Otto le prend dans ses bras et le reconduit à la maison.

Une autre psychose le rend violent au point de menacer la sécurité de la famille.

À partir de ce moment, on cache les clés des véhicules, les couteaux et ce que l'on considère être un danger pour lui et pour les autres.

Il retourne en convalescence à l'hôpital à plusieurs reprises. Il revient à la maison après chaque crise qui mine ses forces… et son année scolaire. Il est en 4e secondaire. Les médecins de Saint-Jean se tournent vers l'équipe de l'hôpital de Saint-Luc, mais tous ont la même conclusion :

« On ne peut rien faire. Vous devrez et il devra vivre avec cela toute sa vie. Chaque crise le rend plus faible ainsi il sera amené jusqu'à la mort. Madame Aeschlimann, vous devez apprendre à vivre avec cette maladie. »

Ces mots du spécialiste résonnent longtemps dans la tête de la mère accablée. Et si quelqu'un est malade, iras-tu quand même au Canada ?

Irène comprend que cette question est tout à fait en lien avec son présent maintenant, là, aujourd'hui.

Vous devrez apprendre à vivre avec cette maladie…

Elle fait le lien avec cette révélation accordée par Dieu il y a trois ans déjà. À ce moment, elle réalise, en fait, qu'elle avait carrément accepté l'épreuve. Oui, Seigneur, si c'est pour ta gloire ! Elle avait répondu sans hésiter. Peut-elle la refuser maintenant ? Non… Mais que c'est difficile ! Où doit-elle regarder ? Vers qui doit-elle aller ? Elle n'a pas le contrôle sur la situation de toute façon ! Elle ne peut qu'espérer en la souveraineté de Dieu. Et en sa bonté. Mais Dieu lui avait aussi révélé que quelqu'un de la famille mourrait, certaine que les deux épreuves sont pour la même personne : Gérard.

Quelle épreuve et quel fardeau ! Comment ne pas se jeter devant Dieu avec un si tragique dénouement ! Otto et Irène refusent d'être en colère et de crier à l'injustice. Dieu est souverain. Sur tout. Sur tous.

Un jour d'avril, le pasteur de Marieville visite la famille Aeschlimann. Ils discutent dans la cuisine. Cette pièce de la maison où des parcelles d'histoires familiales se racontent. Là où de grands espoirs et de grandes douleurs s'étalent. Ils sont donc là, autour de la table. La compassion du pasteur est réelle et il aborde Irène :

« Mme Aeschlimann, je connais bien cette maladie. Je sais que c'est terriblement imprévisible et combien vous souffrez dans ces circonstances. Je devine la douleur de Gérard avec laquelle il n'a aucun contrôle. Je ne vous connais pas beaucoup, et je ne connais pas l'ampleur de votre foi. Mais, je vous conseillerais de prier avec Gérard, de mettre de l'huile sur son front comme il est écrit dans la Bible, dans le livre de Jacques au chapitre 4, le verset 15 :

> **Quelqu'un parmi vous est-il malade ? Qu'il appelle les anciens de l'Église, et que les anciens de l'Église prient pour lui en l'oignant d'huile au nom du Seigneur ; la prière de foi sauvera le malade, et le Seigneur le relèvera ; s'il a commis des péchés, ils lui seront pardonnés.**

Irène répond :

- Depuis quelque temps, je pense à ce passage et je crois que Dieu peut intervenir. Mais je ne connaissais personne comme pasteur ou ancien qui puisse prier pour nous. Et je ne parle pas bien le français, ce qui me limite dans l'expression de mes besoins. »

De plus, elle repasse avec douleur la phrase de cet autre pasteur, vivant en Suisse, qui l'avait mise en garde en disant :

Si vous avez des problèmes là-bas, ne nous appelez pas ! C'est vous qui avez décidé de partir, alors vivez avec les conséquences !

Alors, pour elle, la porte de l'aide des anciens qu'elle connaissait est fermée.

Mais le pasteur présent, ici près d'elle au Canada, lui conseille l'étape suivante :

- Parlez de cette possibilité avec Gérard. S'il est d'accord, je viendrai. Téléphonez-moi afin que nous puissions prier pour lui. »

Le pasteur Richardson quitte. Gérard est à la maison. Il est dans une phase moins sévère et se sent bien. Informé de cette opportunité, le jeune homme accepte.

Tous se réunissent donc le vendredi saint en après-midi. Toute la famille est ensemble dans le salon. Le pasteur prie le premier et met de l'huile sur le front de Gérard. Puis chacun des membres de la famille prie. Puis, le pasteur quitte. Le lundi de Pâques, Gérard est de nouveau malade. Irène constate que la teneur de cette crise est moins aiguë que les autres. Irène bénéficie d'une paix depuis la prière. Elle se réjouit malgré cette crise, Gérard calme, dort, loin des agitations passées. Sa convalescence dure dix jours sans hospitalisation. C'est la dernière crise que vit Gérard, nous sommes en mai 1978. Ils sont éternellement reconnaissants pour cette guérison divine. Par la suite, même les radiographies du cerveau de Gérard n'ont révélé aucune cicatrice.

Otto et ses trois fils, Philippe, Gérard et Martin.

Notre chrétienne, soulagée de voir son fils revenu à la santé, et toujours vivant, revisite l'entendement de cette vision morbide, lors de cette fameuse nuit à Erlach. Est-elle encore effective ? Est-ce que cette victoire remportée annule la révélation ? Elle n'en a aucune certitude. Et, happée par le maintenant, elle remet sa réflexion en veilleuse.

De cette maladie insidieuse, Irène et Gérard développeront une relation privilégiée en raison des nombreuses discussions et des suivis psychologiques dont ils bénéficient. Selon les psychiatres rencontrés, ni l'un ni l'autre ne semble avoir des séquelles de ces moments de crise. Leur équilibre a été préservé par la grâce de Dieu. Otto est occupé avec le travail de la ferme. Les trois autres enfants Aeschlimann ont vécu cet épisode comme des acteurs lucides. Ils observent bien l'inquiétude et la peine chez leur mère. Elle n'a pas, tout comme eux, choisi et planifié ces moments troubles. Comme elle, ils ont fait de leur mieux dans les circonstances, bien que leur mère leur manquât. C'était comme lorsqu'Irène partait en voyage pour aider Emma. Chacun tient son rôle jusqu'à ce que les choses redeviennent normales.

Mai réchauffe la terre et les cœurs des Aeschlimann. La santé de Gérard est telle que toute la routine de la ferme est remise en marche et chacun rencontre ses tâches assignées. La joie d'avoir vaincu ensemble quelque chose de grand donne un élan de foi à toute la famille. La sérénité est palpable. Un été comme les aiment les Aeschlimann.

La famille en 1977.

Gérard et Martin.

Septembre. Gérard doit refaire son 4e secondaire. Il réussit avec des efforts considérables à retrouver ses capacités intellectuelles affectées par la maladie. Les enseignants sont d'une grande patience et d'une aide précieuse. Il terminera son secondaire l'année suivante. Le jeune homme, diplômé en mécanique d'une école professionnelle de Saint-Hyacinthe, songe voyager dans l'avenir.

Mais, c'est sa foi éprouvée, qui a le plus arrimé ce fils à la vie dans toutes ses dimensions. Comme Marlyse il veut aller faire une retraite de trois semaines en Suisse. Irène et Otto hésitent, ne sachant avec assurance la réalité de sa guérison. Mais Gérard insiste du haut de ses 18 ans. Alors ses parents approuvent le choix de cette retraite spirituelle. Il part et fera la rencontre de bons amis en plus d'apprécier les enseignements reçus.

De retour au Québec, fortifié, il quitte pour aller travailler sur une ferme de l'Ouest canadien. Il vit toute une année en Alberta. Otto dit souvent à ses enfants :

« Il est bon d'aller manger du pain d'ailleurs. »

Inspiré par le parcours de Marlyse, Gérard veut aussi aller étudier à l'extérieur du Québec. Il fait une formation de boucher en Suisse, à la Boucherie Haldemann à Loveress. Un atout pour la ferme. Il consacre deux hivers à cette formation en Europe. Il fait la connaissance de la famille Moser et de leur fille, Claudia. Dès lors, Gérard ne laissera pas l'Atlantique les éloigner.

CHAPITRE 9

Quand le ciel s'ouvre pour Martin

13 novembre 1978

Novembre 1978. Les saisons se succèdent en carrousel pour les fermiers. Le travail continue et se modifie au fil des saisons. Le printemps avait redonné la santé à Gérard et l'été a livré une saison végétative abondante. Il a fait place à l'automne occupé par le soin des animaux qui reviennent à l'intérieur, et par les récoltes à ramasser, et à engranger. Marlyse est au Cégep de Saint-Jean en soins infirmiers. Gérard refait courageusement son 4e secondaire à l'École Jean-Jacques-Bertrand de Farnham. Martin y est aussi, mais en 2e secondaire ; et Philippe est en 2e année à l'école primaire de Sainte-Brigide. Irène appréhende l'hiver, car depuis leur arrivée au Québec, chacun des hivers apporte son lot de souffrance.

Nous sommes au matin du lundi 13 novembre.

Comme tous les matins, Otto est à l'étable pour faire le train. Les jeunes se lèvent pour la reprise de la semaine à l'école. La routine du déjeuner invite les convives au repas. C'est Marlyse qui prend les rênes ce matin-là, Irène, accablée par un mal de dos, reste au lit. Elle a trop manipulé de poches de moulée pour les dindes. Elle prend son temps. Elle est rejointe par Philippe qui veut qu'on lui raconte une histoire. Irène, douée, s'exécute.

Martin s'installe dans le cadre de la porte. Il regarde longuement Irène avec un regard profond et tendre. Il lui dit :

« Ah maman ! Fais la belle vie et profites s'en. Il fait froid dehors et tu peux raconter une histoire tranquillement. Moi aussi, plus tard, je vivrai ce même genre de vie, comme tu le fais en ce moment. »

Puis, affectueusement, il se dirige vers Irène et l'entoure de ses bras pour l'embrasser. Irène est charmée et étonnée que son grand adolescent de 13 ans soit encore animé de cet élan d'affection envers elle. Et elle s'en félicite, lucide que cette liberté lui passera sûrement. Elle profite du moment précieux. Elle ne peut détacher son regard de Martin qui quitte finalement dans le corridor qui le dérobe à son champ de vision. Il sort de la maison et saute dans l'autobus vers 7 h en compagnie de ses deux aînés. Philippe les imitera une heure plus tard.

En après-midi, Irène se rend à l'hôpital de Saint-Jean pour recevoir des soins pour son mal de dos. Libérée plus tôt que prévu de ses traitements, elle se demande comment utiliser le reste de son temps. Il est perdu pour le travail à la ferme de toute façon. Elle traîne un peu autour de l'hôpital. Ses pas l'amènent vers l'urgence où elle explore furtivement du regard les installations. Elle continue son chemin, mais cette fois, vers un magasin. Par moment, Irène se sent poussée de faire des achats sans liens logiques avec sa réalité. Cette fois, son regard se porte sur des boîtes de café et des biscuits. Elle achète inexplicablement six contenants de café et une grande quantité de biscuits. Elle retourne à la maison. Sur le rang de Kempt, qui la conduit chez elle, Irène se culpabilise d'avoir fait ces achats insensés. Mais qu'est-ce qu'il lui a pris ? Quelle mauvaise gestionnaire elle fait ! Arrivée à la maison, elle laisse tout ça dans l'auto afin que personne ne voie. Elle est confuse devant cette décision et n'ose en parler à Otto.

Dans la cuisine il se berce en lisant le journal. Marlyse, Gérard et Philippe sont de retour de l'école et l'accueillent du regard, installés autour de la table. Martin doit être sûrement sur son lit en train de lire comme il en a l'habitude. Elle ne le voit pas dans la cuisine. Une pensée pleine de reconnaissance lui traverse l'esprit : elle est bénie et privilégiée d'avoir une belle famille. Elle enlève son manteau.

Surgit soudain un homme qui entre précipitamment dans la maison en disant qu'un accident est arrivé près de chez lui, et que le jeune homme impliqué est probablement leur fils. Otto informe sa femme que Martin est effectivement parti à mobylette pour aller faire des devoirs avec un voisin. Irène reste calme, pensant que ce doit être une blessure mineure, une fracture. Otto encourage Irène à accompagner le visiteur. Elle se tourne donc pour le suivre, mais l'homme lui indique par un geste sur l'épaule qu'elle a besoin d'un manteau. Irène sent à ce moment que quelque chose de grave vient de se passer. Elle l'enfile et ils sortent. Otto les suit avec le véhicule de la famille. La sœur et les frères de Martin sont inquiets et impuissants.

La discussion entre Irène et l'homme est cordiale, mais minimale. Ils arrivent sur les lieux de l'accident. Aucun secours ambulancier n'est encore sur place. Des inconnus sont là, mais la femme n'a de yeux que pour la personne étendue le long du chemin de campagne. Son cœur se serre, c'est bel et bien Martin. Il est étendu bien droit parallèle au le bord de la route. La mobylette est là, près de lui, encore debout, coincée sous le phare droit de la voiture fautive. Irène sort précipitamment et s'approche de son fils. Martin a les yeux fermés. Elle tâte le pouls à son bras : rien. À son cou : toujours rien. Elle voit trois gouttes de sang sur sa joue droite, mais le corps du jeune homme semble intact.

Irène sent à cet instant remonter dans sa mémoire ce rêve étrange questionnant trois obstacles qu'elle rencontrerait dans son service au Canada : l'argent, la maladie et... la mort. À chacune de ces épreuves, elle avait répondu Oui Seigneur, si c'est pour ta gloire. Et maintenant, devant ses yeux, elle reconnaît la forme du corps présentée dans sa révélation ; elle se rappelle sa position particulière, allongé et intact, bien qu'elle n'eût pu l'identifier à ce moment-là. Mais, aujourd'hui, elle le peut : c'est Martin... Le drame qui se joue devant elle est terrible. Elle est étourdie par les battements emportés de son cœur. L'ambulance arrive enfin. Irène se lève et rejoint Otto pour lui dire :

« Je crois qu'il est mort... »

Puis elle poursuit :

« Mais... c'est le Seigneur. »

Les ambulanciers l'invitent à monter près de Martin. Quand elle demande s'il est mort, il tente de la rassurer en disant qu'ils feront de leur mieux. On les amène à l'urgence de ce même hôpital, dont Irène avait arpenté les corridors plus tôt. Les urgentologues demandent à la mère d'attendre derrière la porte où est examiné son fils. Puis, inexorablement, un médecin lui annonce qu'ils ne peuvent plus rien faire. Le jeune homme est décédé à l'instant précis où le chauffeur de la voiture impliquée a frappé derrière sa mobylette, juste sous le siège, et lui a brisé le cou brusquement. Les deux véhicules roulaient dans la même direction. Le conducteur avait pris son véhicule, tout de suite après avoir fait une chute depuis le toit de sa maison. Affligé d'une commotion cérébrale, il se rendait chez le médecin. Perdant contact avec la réalité à ce moment-là de son parcours, il n'a jamais vu Martin. L'impact brusque et sec sortit le conducteur de son état second. Le freinage immédiat avait épargné le corps du motocycliste. On rassure la mère que Martin n'a souffert d'aucune façon. Irène est sous le choc, incapable de pleurer.

Elle ne peut expliquer clairement pourquoi, mais une reconnaissance surréaliste monte en elle à ce moment, comme si Dieu, encore une fois, lui avait donné une longueur d'avance sur le triste dénouement. Ainsi Irène revoit Martin revenir de l'école quelques jours plus tôt. Il a gagné un montant d'argent dans un concours scolaire. Il discute avec elle des achats possibles grâce à ce montant reçu. Il semble vouloir quelque chose qui lui procurera un bon souvenir. Ils épluchent ensemble les possibilités. Irène lui expose aussi la possibilité de donner cet argent au Seigneur car, dit-elle :

« C'est Lui, Dieu, qui donne le meilleur rendement sur notre investissement : 100 % d'intérêt ! »

Le dimanche suivant, la famille Aeschlimann occupe un banc dans l'Église Baptiste de Marieville. C'est le moment de l'offrande volontaire ; alors circule un panier de main en main, de rangée en rangée dans lequel chacun dépose son offrande. Le regard d'Irène est attiré par ce panier, qui, arrivé à la hauteur de Martin, reçoit le montant gagné du garçon de 13 ans. C'était la veille de son décès. Dieu a donné à Irène un coup d'œil sur le cœur de Martin et la place qu'il occupait pour son adolescent. Une grâce pour un temps de douleur qu'Otto, Marlyse, Gérard, Philippe et elle devront traverser pas à pas.

Cette douleur la ramène dans le bruit des urgences.

Irène est seule dans cette chambre d'hôpital, contiguë à la pièce où repose le corps de Martin. Elle est sortie de sa pensée par la voix d'une infirmière :

« Vous pouvez quitter maintenant si vous voulez.

- Comment ? Je suis venue en ambulance et mon mari n'est pas disponible en ce moment, c'est le temps de la traite des vaches.

- Avez-vous quelqu'un à appeler ? » poursuit l'infirmière.

La pensée d'Irène se tourne vers la belle-fille des Gasser qu'elle connaît bien. On lui tend un annuaire pour qu'elle retrace le numéro, mais là, elle flanche et n'y arrive pas. La douleur est trop vive et rien ne la retient de faiblir de tristesse. L'infirmière trouve et signale le numéro. Irène demande à son amie de la retrouver, mais ne veut pas lui expliquer la raison pour le moment :

« Ilse, s'il te plaît, viens simplement me chercher à l'hôpital ! »

Lorsque l'amie arrive, Irène saute dans ses bras et éclate en sanglots.

Avec courage, les femmes regagnent la maison des Aeschlimann où personne ne connaît le diagnostic final. Toute la famille est là et attend les dernières nouvelles :

« Martin est décédé. »

La maison qui ce matin n'était remplie que d'insouciance est devenue douleurs et pleurs.

La journée se termine. Et la tristesse garde le couple éveillé. La fatigue les fait somnoler autant que la peine les garde éveillés. Otto, éberlué, partage soudain à Irène qu'il a vu la grange des Gasser s'effondrer dans un rêve. La nuit passe.

Les premiers à rejoindre la famille sont les Gasser. Ils sont remplis de bienveillance envers Irène et Otto. La famille Aeschlimann pourra compter sur leur soutien. Avec ce couple plus âgé, les pleurs sont libres de s'exprimer car les Gasser sont comme des parents adoptifs dans le cœur des affligés.

Ces derniers jours, le grand-père Gasser a construit la structure de bois qui lui permettra d'agrandir son étable de plus de 150 vaches. Le squelette de la bâtisse est en place, mais les planches ne sont pas posées. Cette même nuit, un grand vent se leva et forma une tempête de pluie et de vent. M. Gasser apprend à Otto que leur structure s'est effondrée cette nuit. Le songe d'Otto se matérialise.

Le couple reçoit au même moment la visite d'un coursier qui leur remet une lettre. Ils devront demain se rendre dans un funérarium pour les arrangements de leur fils. Pendant la visite des Gasser, un employé des pompes funèbres vient chercher les vêtements préférés de Martin, une chemise à carreaux blancs et bruns, et un pantalon assorti.

Un village de compassion

Le deuxième jour de deuil se lève. Le couple se rend en ville.

Le corps de Martin a été transporté chez un entrepreneur de pompes funèbres de Saint-Jean-sur-Richelieu. Rassurant, l'homme leur confirme que leur fils n'a pas souffert car, selon lui, c'est de loin la façon de mourir la plus rapide. Ces mots font du bien autant au père qu'à la mère. Puis, l'entrepreneur les dirige vers une salle pour les besoins de l'exposition funèbre. On y retrouve une multitude de formes et de styles de cercueil. Comme Otto ne comprend pas le français, c'est Irène qui doit porter seule le poids de cette décision. Ce qu'elle fait. Du coup, l'homme leur parle de la location d'une salle pour le cercueil et le recueillement des visiteurs, où ils défileront certainement. Mais les parents refusent de louer pour ce triste moment. La dépouille de Martin sera exposée dans le salon de la maison familiale, dans le rang 8 de Sainte-Brigide, comme on le fait en Suisse. C'est donc à la famille de gérer les visites et le bon déroulement de ces moments de condoléances.

On annonce, de ce fait, aux Aeschlimann que le cercueil sera déposé ce mercredi 15 novembre, vers 19 h, à la maison familiale. En ce jour, la place a été préparée avec dignité et la famille attend le retour de Martin à la maison. Irène prit la décision de retirer Philippe de tout ce rituel funèbre, considérant qu'il est trop jeune pour assumer ce deuil. Ainsi, il passera quelques jours chez des amis de la famille.

Le service funéraire se présente avec Martin à l'heure prévue. Les garçons et Otto sont à l'étable. La pénombre est déjà tombée sur le rang 8. Mais, devant la maison, le ciel offre un spectacle sans pareil : c'est comme si le ciel était ouvert et que la lumière en sortait tel un canon pointé sur leur maison. Irène est tellement époustouflée qu'elle croit être simplement folle par la douleur. Alors, elle ne dit rien et rentre dans la maison. On dispose le cercueil et ses fleurs devant la fenêtre. Puis, elle entend Marlyse lui crier :

« Maman ! Viens dehors ! Viens sur le balcon, je veux te montrer quelque chose ! »

Irène va rejoindre Marlyse.

« Regarde maman, le ciel est ouvert ! »

Dans une banque d'images,
Irène a choisi celle-ci comme étant la plus près du moment.

Le service funéraire se présente avec Martin.

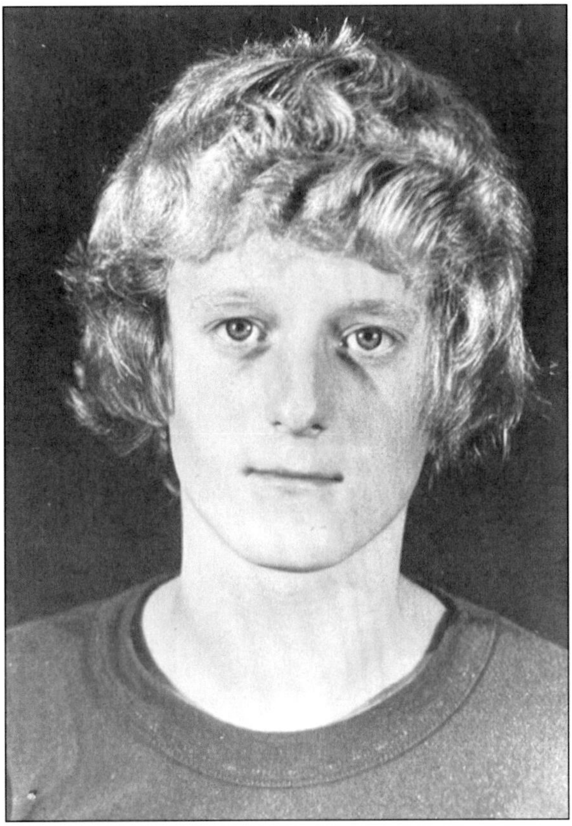

Photo souvenir de Martin distribuée aux funérailles.

Irène est rassurée : elle n'est pas folle. Marlyse a vu le même phénomène qu'elle.

Elle retourne vers les préposés des services funèbres et voit leur empressement à déployer un chapelet, une croix, des statues de Marie et un prie-Dieu. Irène leur demande de remballer tout cela, les fleurs suffiront. De plus, elle soutient qu'elle ne veut pas d'employés pour la gestion des visiteurs :

« Car nous ne connaissons pas beaucoup de gens », dit-elle.

Les premiers visiteurs arrivés seront les Messier qui cherchent un banc devant le cercueil pour prier. Devant leur frustration, Irène demande qu'on ramène le prie-Dieu.

Du café et des biscuits

Le lendemain, tout le village défile, les voisins, les chrétiens, un autobus scolaire de l'école de Martin, dans lequel logent les amis de son âge. Irène est étonnée et constate que le deuil de la famille touche grandement la population. Plusieurs apportent de la nourriture par compassion et soutien. D'autres des fleurs. Chacun exprime son sentiment aux affligées par le deuil. Le pasteur Richardson de Marieville est là, de la première à la dernière heure. Chaque jour.

Le curé de la paroisse vient accompagné par les enseignants de Sainte-Brigide. Il meuble l'espace par des prières où l'on répond par des phrases apprises. Irène, moins familière avec le catholicisme, apprécie tout de même leur présence.

Les gens circulent pendant deux jours. Ils entrent par le garage et sortent par une porte de la cuisine. Une amie offre son aide pour être l'hôte de service avec ce qu'Irène choisit d'offrir aux gens. Irène servira pendant ces deux jours entiers du café et des biscuits. Elle utilisera la réserve insoupçonnée de boîtes de café et des emballages de biscuits, achetés inexplicablement le jour du décès de Martin.

Plusieurs fois elle repasse ces souvenirs dans son cœur, le don en argent dans le panier d'offrandes, le moment de son aurevoir le matin de sa mort, et comment elle a enregistré les derniers pas de Martin sortant de sa chambre après son baiser affectueux. Rien ne semble avoir été négligé par Dieu pour accompagner la mère dans ce deuil automnal. Ironiquement, Irène voit une certaine harmonie avec l'automne, et le deuil, dans sa course vers l'hiver. Vivre un deuil au printemps, c'est se faire voler la renaissance qu'apporte cette saison et la force de l'été qui vient.

À toi Jésus pour toujours

On enterra Martin le lendemain. Le jeune Philippe est de retour avec les siens. Pasteur Richardson demande à Irène si elle a un sujet sur lequel elle aimerait l'entendre enseigner. Elle propose de parler du salut et de la nouvelle naissance en Jésus-Christ. Prêchez l'Évangile ! Le jour des funérailles, la petite église est pleine à craquer. Le curé de Sainte-Brigide est présent aux funérailles et à l'enterrement à l'église de Marieville.

Deux chants se font entendre :

Premier chant :

Jusqu'au bout je veux te suivre
Dans les bons les mauvais jours
À toi pour mourir et vivre
À toi Jésus pour toujours
La voix du Seigneur m'appelle

Parole de Mlle A. Humbert, 1936
Tiré du recueil : Sur les ailes de la foi, 1980

Deuxième chant :

Voir mon Sauveur face à face,
Voir Jésus dans sa beauté
Ô joie ! Ô suprême grâce ! Ô bonheur ! Félicité !
Oui dans ta magnificence, je te verrai divin Roi
Pour toujours en ta présence, je serai semblable à toi.
Voir mon Sauveur face à face.

Paroles de Ch. Rochedieu, 1928.
Tiré du recueil : Sur les ailes de la foi, 1980

Au moment de descendre le cercueil, M. Gasser prend Irène et Otto par les épaules et leur dit :

« Cela suffit. Vous avez assez souffert. Venez avec moi. »

Automates, la famille suit l'homme bienveillant loin de la fosse et de l'inhumation.

Puis, on se retrouve à la maison avec les familles Reichenbach et Fankhauser. Il y a tant de nourriture que le menu du souper est parmi un choix de mets fort variés. La présence de ces deux familles, en plus des Gasser, est un baume sur le cœur souffrant de la famille Aeschlimann.

Philippe est de retour à la maison avant le jour des funérailles avec les Fankhauser. Il souhaite être avec les siens et a besoin d'être réconforté par leur présence. Il revient à la maison, mais il est maintenant renfermé et triste. Irène reviendra avec Philippe sur ces événements plus tard, reconnaissant que son choix est moins judicieux qu'elle l'avait estimé. Martin est un grand frère complice pour le jeune Philippe et son départ reste un choc émotif pour le cadet. Ses enseignantes cherchent un moyen de lui permettre d'exprimer sa peine, mais sans beaucoup de succès.

L'après

Irène prend l'habitude de visiter la tombe de Martin régulièrement et, du coup, elle prend soin des fleurs qu'elle y a plantées. C'est ainsi que l'on accompagne nos défunts en Suisse, comme au Québec.

Marlyse dit à sa mère :

« Il y a beaucoup de personnes tristes. Et toi aussi tu l'es. Mais, tu continues à prier. »

Le témoignage de sérénité et de paix émanant de la famille Aeschlimann pendant ses jours de deuil marque plus d'un concitoyen de la région.

Irène connaissait bien le départ déchirant de personnes chères : sa précieuse sœur Alice, son père Hans Hofmann, sa mère Emma Burki. Mais rien n'égale pour elle la douleur de la mort de Martin. Il y a quelque chose d'impitoyable dans cette séparation prématurée et dans le constat d'une œuvre inachevée, une vanité devant l'évidence d'une vie à peine esquissée. Le vide devant l'attente de l'autre qui ne sera plus là au sortir de l'autobus, ne prendra plus place autour de la table et ne remplira plus la maison de sa voix enjouée. Confondre le bruit de ses pas, sa façon de claquer la porte. Irène comprend mieux la souffrance immense de sa mère affligée par la mort de six enfants. Emma en a passé des années dans la perte et l'absence de sa marmaille, la laissant que trop longtemps sombre et imperméable au bonheur, un peu séparée des vivants.

Une famille souffrante, privée d'un membre.

Longtemps Irène tente de se ressaisir, en pensant à cette image :

« Je dois réapprendre à marcher avec une seule jambe. »

Partout où son regard se pose dans la maison, Martin manque. Le fils si volubile et énergique laisse un silence ingrat. Une chambre immuable, remplie de ses choses, il faut en laisser la porte ouverte afin de ne pas s'attendre à le voir en sortir à tout moment ! Le congé de la pile de linge pour Martin, le jour de la lessive, est insupportable.

Irène bénéficie par moment de la consolation extraordinaire que Dieu lui prodigue : affairée dans sa cuisine, elle sent une main la supporter quand elle se sait faiblir. Elle attend d'être seule pour pleurer et exprimer sa douleur. Elle profite du moment qui l'isole, dans les soins quotidiens aux dindes, et laisse jaillir tout son chagrin en larmes et en sanglots. Elle devine sans effort que l'étable est devenue aussi un sanctuaire pour les souffrances d'Otto. Les champs deviennent un lieu de pèlerinage emprunté souvent par Gérard, Marlyse et le jeune Philippe.

La pudeur émotionnelle maintient Irène dans une certaine solitude. Elle se retire et préfère ne pas voir les gens. Il faut dire que certains chrétiens, dans leur étroitesse, verbalisent directement à la mère leur théologie douteuse. Ces personnes associent injustement la mort de Martin avec « une leçon de Dieu pour les ramener à l'obéissance. » Et ils exhortent le couple en les comparant à des cochons dont on doit faire crier le petit pour que la mère entre dans la porcherie. Que Dieu les pardonne ! Irène et Otto doivent composer avec ce genre de pharisianismes en plus de leur peine. Une autre encore la visite pour lui demander carrément les vêtements de Martin. Chacune de ces désagréables rencontres la repousse un peu plus dans ses retranchements et elle ne partage sa peine avec qui que ce soit. Son âme et son cœur ont besoin de soins.

Quelques mois plus tard, Irène est encore occupée aux soins des volailles. Le printemps lutte pour prendre son tour dans le pays. Les pissenlits jaunissent, la verdure s'étend et les odeurs, même de la chaleur flottent dans l'air dégourdi. Mais tout cela fait si mal en elle. Irène vit avec une douleur dans son âme qui ne la quitte plus désormais. Elle marche du poulailler vers la maison. Sa force l'abandonne un peu plus à chaque pas. Elle atteint la maison, déterminée à continuer son travail domestique, mais doit se contenter d'atteindre une chaise. Elle est usée, anéantie.

Elle crie à Dieu :

« Je ne peux plus ! Je ne peux plus supporter tout cela ! »

Un geste lui traverse soudain l'esprit. Sans réfléchir, elle ouvre le tiroir du meuble près duquel elle a trouvé appui. Elle en tire un billet sur lequel il est écrit : *Essaie de remercier Dieu.*

Essaie de remercier Dieu

Elle le relit. Elle pense :

« Mais non ! Je ne peux pas remercier Dieu pour ça ! Non ce n'est pas pour moi de remercier Dieu pour tout ce qui est arrivé. »

Elle le lit une troisième fois. Elle s'arrête sur le mot *essaie*... sans émotion... juste pour montrer que cela est complètement opposé à ce qu'elle ressent en ce moment. Elle est davantage dans la douleur et l'incompréhension que dans la gratitude. *Essaie*, dit la phrase... *Essayer*... Cela sous-entend qu'il y a une difficulté connue entre ce qui est idéal et ce qui est réel. Sa réalité est insupportable et son idéal n'est pas possible. Son idéal est que cette mort ne soit jamais arrivée, comme un mauvais rêve dont on se débarrasse au saut du lit. Et sa réalité est une perte qui la mine chaque jour, elle, et ceux qu'elle aime. Dire merci pour ça, vraiment ?... Vraiment. Les minutes filent... Essayer, peut-être. Irène se lève de sa chaise et entre dans le salon. Elle s'agenouille et essaie de formuler quelques mots :

« Seigneur je te remercie pour tout ce qui est arrivé. Je te remercie que Martin soit maintenant chez toi. Mais je ne te le dis pas avec mon cœur, mais je le dis parce que tu me le demandes, mon Dieu. Mais je te remercie pour la façon dont tu as tout conduit jusqu'à présent. »

Elle se lève. Elle a l'impression que quelque chose est tombé de ses épaules. Elle respire mieux et sa douleur à l'âme commence à se dissiper.

Irène garde cette expérience comme une clé qu'elle utilise chaque fois que des circonstances difficiles la confrontent.

« Seigneur je te remercie. Tu m'aimes. Tu m'as conduit jusqu'à présent. Je veux te suivre. »

Quelques années plus tard, devant la confusion qui prend de l'ampleur sur la planète, Irène remercie souvent Dieu d'avoir épargné Martin des douleurs de ce monde.

Ma chair et mon cœur peuvent se consumer :
Dieu sera toujours le rocher de mon cœur et mon partage.

Psaume 73.26

CHAPITRE 10

Les retombées du témoignage d'Irène

1979. Un acte d'amour et de dépassement

La première neige de l'hiver tombe à gros flocons sur les terres de Sainte-Brigide. Le Québec ne compte plus les répétitions de ce scénario sauf quelques météorologues fascinés par les changements climatiques.

Irène vit cet automne 1979 avec la douleur terrible, impitoyable de la perte de Martin. Un an à vivre sans lui, à espérer qu'il rentrera de l'école ou qu'il se servira dans le garde-manger affamé par son travail sur la ferme. Trop de repas à voir sa place vide, des centaines de trois fois par jour. Rien ne la soulage, sinon le refuge qu'elle trouve dans la lecture de certains passages bibliques et dans sa foi en la souveraineté de Dieu. Et même si son cerveau comprend certains mots, son cœur, lui, ne tait pas sa douleur. Sa plaie est vive, irascible. Elle accomplit efficacement son travail et se résonne pour entourer sa famille endeuillée. Les jours passent sans apporter de soulagement significatif.

Elle consulte un médecin pour la soulager de ses larmes incessantes et de l'épuisement émotionnel qui est en train de la détruire. Elle accepte une médication. Seul Otto est mis au courant de la situation.

À quelques kilomètres de là, une petite famille suisse allemande s'est installée sur une ferme de Marieville. Anna et Franz Muller tous deux âgés de 28 ans, avec leurs filles Karyn, 4 ans, et la petite Esther 2 ans. Ce sont des catholiques pratiquants du Canton de Lucerne.

Eux aussi font le bilan de leurs derniers mois en terre canadienne. Après un an, trompés par l'agent qui les avait dirigés vers un achat inadéquat pour leur plan d'affaires, ils ont décidé de vendre et de retourner en Suisse. Devant les difficultés rencontrées pour transformer cette minuscule ferme laitière en ferme de production céréalière uniquement, et isolés parce qu'ils ne parlent pas français, ils sont menacés par le découragement. Et, comble de tromperie, le même agent leur dit qu'ils sont les seuls Suisses allemands dans la région et qu'ils sont des pionniers dans leur domaine ! Ils se voient sans ressource et dépourvus.

Cette ferme de Marieville est donc vendue.

Quelques jours plus tard, Anna et ses filles visitent la voisine d'en face avant leur départ pour la Suisse. À leur retour vers la ferme, Karyn gambade insouciante sur la route et se fait happer violemment par une voiture de police. La fillette a une fracture de la clavicule et les deux jambes cassées, mais c'est sa blessure à la tête qui inquiète grandement les médecins. Elle est dans le coma, hospitalisée à l'hôpital Sainte-Justine de Montréal. On craint pour sa vie.

Irène et Otto entendent le récit de l'accident à travers les branches. Ce terrible événement les remue complètement. Irène tente de fuir les émotions qui la submergent et qui la replongent dans son propre drame.

La mère partage à Otto qu'elle a le désir de visiter cette famille éprouvée. Elle ne sait pas comment elle arrivera à outrepasser sa propre tristesse, mais elle est remplie d'empathie pour cette femme. Elle se rend disponible devant Dieu pour l'aider. Otto approuve son courageux élan de sympathie.

Le jour de la visite, avant de quitter la maison, Irène est dans la salle de bain. Elle pleure discrètement. Elle endosse sa peine en laissant son regard se perdre dehors par la fenêtre devant elle.

Elle demande : « Seigneur, est-ce bien ta volonté que je fasse cette rencontre avec la famille Muller ? »

Elle pleure aussi auprès d'Otto car elle se sent incapable émotionnellement et même physiquement d'aller les voir. Mais, elle ne sait que trop bien qu'ils éprouvent un besoin criant d'être soutenus, d'une façon ou d'une autre. Elle ira. Par la foi.

Elle pleure tout le long de la route qui la mène à la maison des Muller. Une fois ressaisie, elle se présente à la porte du couple. Elle est accueillie avec étonnement, mais elle rassure ses hôtes de sa bienveillance en s'exprimant en suisse allemand. Leur angoisse est palpable. Ils sont coupés de toute information médicale sur l'état de leur fille en raison de la barrière linguistique. Chaque jour, ils se rendent à Sainte-Justine, mais rien n'est compréhensible pour eux dans ces termes étrangers. Irène leur propose de les accompagner à l'hôpital. Ils s'y dirigent sur le champ.

Les médecins et les infirmières sont contents de pouvoir communiquer avec les parents de Karyn. Ils sont soulagés de voir que le couple est bien accompagné et qu'il pourra enfin retrouver des repères dans ce tourbillon. On leur confirme que leur fille est dans un coma profond. La mère en pleurs répète sans cesse que sa fille ne doit pas mourir ! Elle prie la Vierge Marie instamment de la guérir et intercède sans relâche pour sa guérison.

Une médecin précise à Irène les informations à communiquer aux parents : leur fille pourrait bien être jusqu'à dix ans dans le coma tant son cerveau est endommagé. La clavicule cassée et les jambes brisées se répareront, mais, pour son cerveau, rien n'est moins sûr. Irène ne trouve pas le courage de traduire le délai de dix ans sur lequel insiste le pédiatre, mais elle emploie l'expression « pour un long temps dans un coma » pour sa traduction en suisse allemand. Que Dieu lui pardonne : elle est incapable de leur infliger une telle condamnation.

À partir de ce jour, Irène s'engage auprès du couple : elle sera là, arpentant les couloirs de l'hôpital, aux deux jours et traduira les propos des médecins. Elle reste avec eux depuis le matin jusqu'en début d'après-midi. Chaque fois, Anna prend Karyn dans ses bras et lui raconte des histoires.

Irène ne dit rien de sa propre souffrance à la famille Muller. Déjà trois semaines qu'Irène assiste à ce rituel. Il se termine toujours par une visite à l'Oratoire Saint-Joseph où Anna fait des prières. C'est une église catholique, impressionnante par sa localisation sur le versant nord-ouest du Mont-Royal et par son décor prestigieux.

Sur chaque marche qui la conduit à genoux vers le sanctuaire, la femme dit des prières récitées qu'Irène ne connaît pas, mais qui s'adressent tantôt à Notre Père, tantôt à Marie. Anna tient dans sa main un chapelet qu'elle égraine au rythme de ses redites, comme un levier pour insister sur l'impératif de guérir sa fille. Irène se tient à ses côtés, l'accompagne une marche à la fois, sans parler, sans juger, respectant l'expression de sa souffrance. Puis, Anna allume des lampions. Irène est devant une forme de piété qu'elle ne connaît pas et qui l'étonne par ses rites.

Elle voit souvent Anna se jeter devant des statues et redoubler de dévotion à leurs pieds. Quand le cœur et le corps éperdus d'Anna sont exténués, on retourne vers la campagne montérégienne.

Mesurant la détresse de la mère et du père, Irène ne veut rien brusquer dans leur expression religieuse, mais reste confiante que Dieu agira en son temps pour se révéler à eux. Elle prie pour eux dans ce sens. Elle en est persuadée : Dieu doit agir ! Dieu va agir !

Irène revient épuisée de chaque visite. Mais Otto respecte son choix et fait de son mieux pour la soutenir. Des employés comblent le travail de la fermière.

Un matin, Irène pressée par son rendez-vous avec les Muller, entre sans frapper dans la chambre de Marlyse. Elle la trouve agenouillée au pied de son lit. Sa belle grande fille prie pour que Dieu la soutienne dans sa formation d'infirmière, en ce jour où elle est inondée d'évaluations.

Irène referme la porte discrètement sans partager les consignes du jour. Elle s'engouffre dans la voiture des nouveaux amis. En route vers la métropole, Irène raconte anodinement qu'elle vient probablement de déranger sa fille dans son temps de prière.

Comme à leur habitude, Anna et Franz se rendent à l'hôpital puis à l'Oratoire Saint-Joseph. Mais une fois les dévotions faites à l'église, Anna confesse qu'elle n'arrive pas à détourner sa pensée de la prière de Marlyse le matin, l'imaginant agenouillée au pied de son lit.

« Comment faites-vous ? Qui priez-vous ? » demande la femme sur le chemin du retour.

Irène partage que ses prières sont adressées à Jésus, notre Seigneur et notre Sauveur. Et que par la foi en son sacrifice, nous avons accès directement à Dieu et à la vie éternelle.

« Mais nous n'avons jamais entendu parler de ça ! Est-ce que c'est une nouvelle religion ? »

« Non, répond la chrétienne. C'est l'Évangile et c'est ce qui est écrit dans la Bible. Mais si vous voulez en savoir davantage, vous êtes bienvenus de vous joindre à nos réunions de prières. »

À la réunion de prière suivante, chez les Aeschlimann, ils sont là tous les deux. Ils sont ahuris d'entendre les gens prier librement, pour la santé de Karyn, sans texte appris par cœur, mais du fond de leur cœur. Cette authenticité les touche profondément. Ils désirent que la bénédiction de Dieu soit sur eux, comme elle l'est sur cette minuscule assemblée. Ils se questionnent sérieusement sur leur foi et veulent connaître davantage le Seigneur et Sauveur d'Irène et de Marlyse.

Les visites à l'hôpital continuent ainsi que celles à l'Oratoire Saint-Joseph. La santé de la fillette reste stable. Elle a même ouvert les yeux, mais son regard reste fixe. Le plan de retourner vivre en Suisse demeure, mais il est tributaire de l'évolution de la fillette. Un jeune médecin suisse complète un stage à Montréal dans ce même hôpital. Grâce à leurs retours orchestrés, toute la famille Muller peut retourner dans leur pays et la petite Karyn bénéficiera de la supervision de ce jeune compatriote.

Le jour du départ, l'ambulance quitte l'hôpital Sainte-Justine vers l'aéroport de Montréal. Toute la petite famille y est montée. Irène les accompagne une dernière fois, prenant place dans le véhicule. Dieu seul connaît, à ce moment-là, les souvenirs tristes qui envahissent Irène de nouveau sur la banquette d'une ambulance. Elle repousse avec force sa douleur et l'image de Martin étendu sur une civière. Les jeux de la petite Esther attirent son regard.

Anna place la petite sœur de deux ans sur le lit de Karyn le temps du trajet. La petite s'amuse à faire des coucous avec un mouchoir devant le visage de sa grande sœur. Elle lève et descend le mouchoir en répétant :

« Coucou Dada ! Coucou Dada ! »

Quand elle abaisse le mouchoir, elle atteint chaque fois le corps de Karine par le contact des mains sur sa poitrine. Quand l'ambulance entre à Montréal, devant les adultes stupéfaits, Karyn se met à rire ! Comment ne pas louer Dieu pour ce retour à la vie ! Et quel encouragement pour la foi nouvelle des parents, autant que pour la foi trempée de leur précieuse amie !

Les décorations des fêtes, tout le long de leur parcours, scintillent moins que les yeux des parents qui seront dans leur pays pour les célébrations de Noël. Ils quittent le cœur plus léger.

De retour en Suisse, la famille se joint à une assemblée chrétienne et confirme son engagement dans la foi en Jésus-Christ. La petite Karyn progresse dans la récupération de ses facultés, mais ne retrouve pas complètement ses capacités d'apprentissage et fréquentera une école avec adaptation scolaire. De même, physiquement, elle doit prendre des traitements qui redonnent de la force et de la mobilité à son corps.

Quelques années plus tard, ils feront une visite à Montréal, pour que l'équipe médicale de Sainte-Justine constate les progrès de la jeune Karyn. Ils sont étonnés des guérisons et de la façon insoupçonnée dont elle progresse. Les Muller redonnent à Dieu la gloire de ce rétablissement. Elle retrouve une qualité de vie qui va lui permettre de vivre un mariage épanoui avec un conjoint qui relève les mêmes genres de défis.

Pour Irène, l'intensité de sa douleur ne s'est en rien diluée par ces trois mois consacrés aux Muller. Elle a été utilisée par Dieu pour soulager d'autres personnes. D'octobre à la mi-décembre, elle aura accompagné ses nouveaux amis dans leur bataille, trois fois par semaine. Le redoutable anniversaire de la mort de Martin aura été autant redouté qu'il aura été un catalyseur dans ses compétences à prendre soin des Muller.

Mais elle porte toujours un tel fardeau dans son âme. Elle comprend que le temps est un enjeu et qu'elle doit s'accrocher, se reposer sur ce qu'elle connaît de Dieu. Sa souveraineté, sa bonté, son amour parfait. Le temps tarde à apporter libération et guérison. Elle relie dans sa tête le petit papier qu'elle a tiré de sa table de travail et qui disait : Essaie de remercier Dieu pour ça. Pendant trois ans, Irène prend des antidépresseurs. Le bâtiment qui abrite les volailles continue à être le témoin de ses peines et de ses détresses. Elle travaille sans relâche. Otto ne peut suffire seul à la tâche et la ferme serait en péril. Devant les enfants, elle retient tout ce qu'elle peut pour ne pas contaminer le moral de la famille. Une telle solitude la tenaille dans son âme. Elle ne peut partager son réel état de santé car dans les années 80, beaucoup de préjugés étaient dirigés contre les gens qui prenaient appui sur les médicaments et non « sur Dieu ». On pouvait les taxer de chrétiens charnels ou de faibles. Mais pour Irène, cela n'est pas négociable. Elle a besoin de ces soins quoique la communauté en pense.

Enfin, de façon progressive, très lentement, la santé d'Irène se rétablit. Timide, incertaine, la lumière se dessine une place entre les cicatrices du cœur de la mère. Puis, elle délaisse cette médication prudemment, accompagnée, graduellement.

Encore aujourd'hui, 44 ans plus tard, elle discipline sa pensée et contrôle la douleur familière qui monte en se disant :

« Merci Seigneur pour cette situation. Tu as bien fait. »

Elle considère que Martin est dans un endroit de repos et qu'il a été épargné de souffrances, de douleurs, et de luttes terrestres. Notre lot à tous.

Et dans sa vie, dans les dernières années passées au Canada, il était un jeune homme heureux. Irène considère que c'est celui des quatre qui appréciait le plus de vivre au Québec et il s'est, du fait, adapté très rapidement. Il aimait particulièrement l'intimité avec sa petite famille. En Europe, beaucoup de personnes bourdonnaient autour de la maison : des patrons sur la ferme louée, des employés et des étudiants pour Otto et pour Irène. Ces derniers habitaient avec eux dans la maison et pour Martin, cela diluait son temps de qualité avec ses parents.

Mais dans la maison de Sainte-Brigide, il était enjoué, actif, passait d'un lieu à un autre avec vitalité et enthousiasme.

« Pourquoi ne sommes-nous pas venus vivre ici plus tôt Maman ? », lança-t-il à Irène en passant près d'elle.

« Nous sommes beaucoup mieux ici qu'en Suisse ! »

Gérard, Philippe, Otto. Et Martin, heureux au Canada.

Témoignage de Marlyse et son bénévolat

Un autre hiver. Marlyse est la recherche d'un emploi pour gagner de l'expérience dans un autre domaine que celui du travail de la ferme. Le système de santé offre des possibilités. Elle propose donc ses services dans un CLSC (centre local de services communautaires) pour aider des gens comme bénévole aux soins à domicile. Bientôt le téléphone sonne. On a justement besoin d'aide dans une maison privée où vivent six pensionnaires âgés, dans le village de Farnham.

Une des pensionnaires est une dame aveugle qui souhaite qu'on lui rende visite. Elle se prénomme Rachel. Sa nièce, Nicole, est la propriétaire et la gestionnaire des lieux. Rachel souhaite qu'on lui fasse la lecture, qu'on l'accompagne lors d'une promenade ou qu'on lui tienne compagnie lors de sorties au restaurant. Elle aimerait être secondée une journée par semaine.

Marlyse se rend à la résidence pour vivre son premier jour de bénévolat. Les autres femmes, qui occupent les lieux communs, s'enquièrent auprès de la jeune femme de son identité et de sa provenance.

« Je suis Marlyse Aeschlimann et je vis à Sainte-Brigide d'Iberville. Mes parents sont fermiers. »

Certaines d'entre elles éclaircissent le regard à cette annonce. Elle est la fille d'Irène Aeschlimann ! La petite femme avec une grande foi ! Ces femmes avaient visité la famille le soir où le corps de Martin était exposé à la maison familiale ; et elles avaient aussi assisté à l'enterrement au cimetière de la petite église rouge de Marieville. Elles sont encore intriguées par le témoignage de paix et de sérénité qu'arborait Irène à ce moment-là. Admiratives, elles prennent des nouvelles d'Irène.

« Comment se porte-t-elle maintenant ? Ta mère est forte. Pourquoi ? »

Elles souhaitent du coup en savoir plus sur leurs croyances. Audacieuses, les dames demandent à Marlyse qu'Irène vienne aussi lors d'un temps de bénévolat.

À cette proposition Irène répond un simple « okéeee » comme elle seule peut le laisser glisser de sa bouche, comme si cela va de soi, sans aucune réticence, parce qu'elle se sait appelée pour cela.

La semaine suivante, Irène accompagne donc Marlyse à son bénévolat au foyer de Farnham. Les femmes semblent intimidées par Irène et peu ou pas de questions émergent du groupe sinon sur sa santé. L'opportunité pour qu'Irène puisse partager son témoignage de foi en Jésus ne s'est pas présentée à ce moment-là.

La visite suivante, Marlyse est de nouveau seule. On la questionne à savoir si elle a les mêmes convictions que sa mère. Menottées par la timidité, les femmes n'avaient osé demander les raisons de la grande sérénité d'Irène. Mais elles s'adressent à Marlyse plus librement :

« Cette foi nous intéresse. Est-ce que tu peux nous expliquer ce que vous croyez et comment fonctionne ta foi ?

-Bien sûr ! répond Marlyse. Nous croyons que le sacrifice de Jésus sur la croix a payé nos fautes et nous avons accès au Père. Les œuvres sont des indices qu'Il vit en nous par son Saint-Esprit et nous en Lui. Mais les œuvres ne sauvent pas. Personne ne peut remplacer Jésus. Il est le seul médiateur entre Dieu et les hommes. C'est cela l'évangile ! La foi selon les Écritures dans la bible. »

Aussi intriguées qu'ébranlées, ces femmes se referment tout à coup. Le groupe préfère changer de sujet. Marlyse est d'accord de ne plus parler de religion, pour le moment du moins.

De semaine en semaine, des bribes de discussion évangélique se vivent. Irène conseille à sa fille de répondre précisément aux questions qui lui sont posées sans trop dévier.

Nicole, la directrice de cette maison, écoute aussi à l'occasion. Elle est une fervente catholique. Elle insiste auprès de Marlyse que certains besoins doivent être déversés à La Vierge Marie. Ce que Marlyse réfute en disant que Jésus a tout accompli et que c'est lui le rémunérateur de ceux qui le cherchent. La bénévole lui partage des versets à lire dans la Bible. Le cœur de Nicole est touché par ses lectures bibliques. Et la dame propriétaire donne sa vie au Sauveur Jésus-Christ. Nicole partage sa nouvelle foi avec sa tante Rachel. Elle lui fait la lecture des Saintes Écritures et la tante se convertit elle aussi.

Quelle joie de voir des vies transformées et des cœurs libérés par la vérité de La Parole. La tante et la nièce se joignent à l'Église de Farnham.

Rachel est allée rejoindre son Seigneur il y a quelques années. Et Nicole, divorcée d'un premier mariage, avait assuré sa survie par sa maison hôte de pensionnaires. Maintenant, à 70 ans, elle a retrouvé l'amour et s'est remariée en 2022.

Irène n'aurait jamais choisi ce type d'épreuve tellement douloureuse, la mort d'un fils. Mais, son attitude dans ce tourment la maintient dans son appel missionnaire. Qu'elle le veuille ou non, qu'elle en soit consciente ou non, elle est attrayante pour les gens. Elle suscite un questionnement sur la source de sa force incomparable, et ce qu'elle partage de son Père céleste en fait une femme inspirante et influente.

Mais elle a dit oui à être missionnaire et à glorifier son Dieu par sa vie. Alors, elle marche en pleurant, pour un temps, quand elle porte la semence ; mais elle revient avec allégresse quand elle porte les gerbes de cœurs qui se donnent à Dieu.

CHAPITRE 11

Traverser la vallée

La grange brûlée. Tout balancer

En mars 1983, la vie de famille se dynamise encore. Gérard est sur une ferme en Alberta. Marlyse travaille en Suisse. Philippe est en secondaire 1. Le calendrier affiche le troisième jour du printemps tant attendu par les Québécois de toutes langues. L'hiver tire calmement sa révérence.

Irène et Otto se trouvent dans une des granges derrière la maison du rang 8. Ils préparent l'arrivée de 2500 dindes âgées d'un jour seulement.

Dindes âgées d'un jour seulement.

Un concitoyen de Sainte-Brigide se présente pour remplir des sacs de petits copeaux de bois pour son usage personnel. Otto acquiesce à sa demande et propose à Irène de l'accompagner. Irène est maintenant plus confortable avec le français utilisé au Québec. Elle amène le visiteur vers la grange à 300 mètres de là. Une petite maison, adjacente à la grange, est en location. L'inconnu gorge ses sacs et, satisfait, salue Irène, sort de la grange et retourne vers Otto.

Une fois que l'homme quitte pour retourner vers Otto, Irène en profite pour faire le bilan des ressources restantes. Elle compte de la paille et du foin. Il y a aussi les sacs de semences qui serviront pour la prochaine saison de semailles. Quelques poules Bandy s'offusquent en voyant la femme dans leur quartier. Irène respire profondément. Elle est encouragée par tout le chemin parcouru, en considérant les huit dernières années sur la ferme du seuil de l'Estrie.

Cette grange contenant les semences est emportée par les flammes (1983).

L'heure du dîner amène un court répit dans ce roulis de tâches. Au moment du café, une voisine locataire de la petite maison, les rejoint par téléphone. Elle est agitée et énervée, la grange près de sa maison est en feu. Elle a aussi averti les pompiers. Irène saisit l'extincteur portatif et se précipite vers le brasier. Mais le plancher est déjà complètement atteint par les flammes. Les pompiers sont là et s'enquièrent auprès d'Irène des choses précieuses restées à l'intérieur. Par malheur, il ne reste plus rien. Tout a brûlé, fondu, disparu. Irène sous le choc ne peut pleurer. Elle reste là, désemparée. Sa voisine, elle, est en pleine crise de larmes après avoir eu si peur.

Irène prend un vélo et quitte la scène. Elle est au bout d'elle-même. Elle sent une telle colère monter en elle, issue de l'incompréhension, d'un sentiment de trahison et d'injustice. Jamais de sa vie elle n'avait été animée par un tel état d'esprit, mais cette fois...

« Dieu c'est assez ! C'est assez ! »

Elle est si furieuse contre Dieu et contre Dieu seul. N'est-il pas Celui qui tient le monde dans sa main ? Pourquoi un autre moment de douleur pour elle et sa famille ? Elle sait qu'elle ne saurait déployer ce qu'il faut pour supporter un fardeau de plus.

Avant même de rentrer dans la maison, elle s'adresse encore une fois à Dieu et dit :

« Dieu, si tu ne viens pas à mon secours, j'abandonne tout et pour de bon ! Et je ne veux plus rien savoir de Toi ! »

Chaque coup de pédale ravive sa mémoire : toutes les douleurs passées se dressent contre son espoir et égratignent tout ce qu'elle est. Toute cette souffrance pour rien ! Quelle impression d'être trompée, dupée, abusée par Dieu lui-même ! Elle lui a remis sa vie à 14 ans, et elle le sert depuis tant d'années ! Et voilà que sa vie n'est qu'une série d'épreuves plus pénibles les unes que les autres !

Elle n'arrive pas à se raisonner. Son cœur bat de désarroi autant que de rage. Le vent de sa course ne réussit pas à effriter sa colère. Elle entre dans la maison, découragée, pendant que la grange brûle encore. Intentionnellement, elle se dirige vers le meuble du salon qui abrite les bibles de la famille. Elle y a aussi une réserve de versets écrits sur des feuillets. Elle en pige un et le passage suggéré se trouve dans les Psaumes. Elle ouvre le livre qui lui présente le Psaume 84 et ces versets percutants dans la Bible de Luther avec commentaires. Elle lit les versets 6 à 8.

Heureux qui placent en toi leur appui !
Ils trouvent dans leur cœur des chemins tout tracés.
Lorsqu'ils traversent la vallée de Baca (des pleurs)
Ils la transforment en un lieu plein de sources,
Et la pluie la couvre aussi de bénédictions.
Leur force augmente pendant la marche,
Et ils se présentent devant Dieu à Sion.

Psaume 84. Versets 6 à 8. Version Louis-Segond.

Le commentaire allemand du lecteur dit :

Les voyageurs, vers la patrie de l'éternité, relient les souffrances et les peines à une bénédiction.
Garder les yeux vers le ciel, augmente leur force et leur endurance pour traverser toutes les difficultés.

Traduction libre.

L'explication donnée, pour ces trois versets dans la bible de Luther, prend clairement la forme d'une invitation pour Irène. Celle de continuer à marcher avec Dieu malgré les émotions qui la tourmentent. Garder les yeux sur le Guide et non sur le chemin des pleurs emprunté par elle et les siens. Personne ne choisirait d'emblée un tel parcours de tribulations !

Pour ne pas s'effondrer et tout abandonner, Irène n'a pas d'autre alternative : elle doit comprendre et saisir ce que Dieu veut lui dire, là, à ce moment. Jamais de sa vie n'a-t-elle été aussi près de tout balancer... Mais, à qui d'autre irait-elle ? Elle a besoin des mots de Dieu sur ses maux. Plus que jamais, à cet instant, elle ne se sent retenue que par un mince fil de foi, balançant, suspendue au bord d'un précipice. Elle connaît suffisamment Dieu pour savoir qu'Il n'est pas scandalisé par le ton qu'elle utilise en ce moment. Et elle sait qu'Il sait, qu'au fond d'elle-même, son audace est la démonstration qu'elle espère ultimement de Lui une clé pour cesser de souffrir. Cesser de souffrir autant.

Elle mesure le prix de renouveler sa foi en l'amour parfait de Dieu. Croire que tout ce qu'Il permet, Il l'assume pleinement comme une manière de faire avancer, grandir, s'épanouir ses enfants. Pourquoi continuer à croire ? ... Elle lutte et s'acharne à comprendre. Elle ne peut imaginer sa vie sans un partenariat avec son Père Céleste.

Apaisée par cette pensée, elle consent donc à considérer ce nouvel événement dramatique comme une forme de bienveillance. Dieu a puisé intentionnellement dans ses sources insoupçonnées afin de les bénir. Non comme le feraient les humains, mais comme Lui seul peut le faire en provoquant des situations qui forcent au progrès et à la croissance. Oui, mais aussi pour le progrès de la ferme ! Mais non pour la ferme seulement, mais aussi pour les gens qui en sont des témoins. La condition est de continuer à marcher. Continuer à avancer, à faire confiance, continuer à avoir l'attitude que cette nouvelle épreuve, porteuse de doute, est une bonne chose pour ce moment de sa vie. Et cette épreuve ne durera pas toujours.

Dans ces conditions, la force augmente pendant la marche. Heureuse celle qui place en toi son appui ! Elle trouve dans son cœur des chemins tout tracés... dit le texte. Des chemins tout tracés. Elle aime comprendre que quelque chose est tracé pour la soulager de grands fardeaux. Source ou pluie, il y a une réserve de bénédictions si elle consent seulement à placer en l'Éternel son appui.

Et, consciemment, volontairement, elle consent.

C'est l'encouragement qu'Irène, l'épouse, partage à son mari lorsqu'il revient à la maison. Et c'est aussi ce qu'elle, la mère partage à ses enfants, auprès comme au loin. Et tous, d'un même cœur, adhèrent à cette vision renouvelée des choses. Ils attendent ensemble que le rocher se transforme en source d'eau.

Dorénavant sa vision des choses est celle-là : il est possible qu'une bénédiction aille souvent de pair avec une souffrance, voire une perte. Mais Dieu me donnera toujours ce dont j'ai besoin pour voir se transformer le désert en source d'eau. Cette attitude la garde vivante et confiante en Dieu malgré l'aspect dramatique de la situation.

Quelques mois s'écoulent.

L'été est de retour et avec lui, Marlyse revient à la maison. Elle est de retour de la Suisse. Les fiançailles avec Jacob Fankhauser sont approuvées par les parents Aeschlimann.

Quelques mois avant le mariage, devant le sérieux de la relation, Irène prend bien soin de s'assurer que la foi de Jacob est du même prix que celle de sa fille Marlyse. Lors d'une balade en voiture, Jacob la rassure en confirmant son engagement envers tout ce qui est précieux pour Irène : son Dieu et sa famille. Irène vit une restauration pour son cœur de mère quand, une fois autour de la table, toutes les places sont de nouveau entièrement occupées, grâce à la présence de Jacob. Irène reconnaît que l'ajout de Jacob dans la famille est un baume sur sa plaie de mère endeuillée. Ainsi, un peu d'eau commence à émerger du rocher. L'arrivée d'Otto dans la famille Hofmann avait apporté la même consolation à Emma. Jacob, à sa façon, fait du bien aux garçons et aux parents par sa grande gentillesse et sa présence rassurante.

Le grand événement pour la famille est placé au calendrier : le mariage sera le 16 juillet 1983.

Le mariage de Marlyse et de Jacob Faunkhauser. On célèbre le mariage le 16 juillet 1983.

La famille Aeschlimann compte de nouveau six personnes en 1983.

Un homme rend visite aux Aeschlimann quelques jours plus tard. C'est le contracteur des bâtiments de la ferme. Il a su que la grange était une perte totale.

Mais, il ne vient pas pour offrir ses services, mais pour s'enquérir de comment se porte la famille après cette nouvelle épreuve. En réponse à sa sollicitude, Irène lui partage les versets qui l'ont touchée et qui sont une consolation pour elle. Il croyait trouver une femme effondrée, il trouve au contraire une femme paisible et confiante. Cette paix le touche et l'impressionne. Il est forcé de reconnaître qu'il y a là une gestion extraordinaire de la situation. Il lui demande, sans attendre :

« Où puisez-vous votre force ? »

-Là-dedans, dit-elle, en mettant sa main sur la bible ouverte.

Plus tard, il est devenu évident pour tous, à commencer par la famille Aeschlimann, que cet incendie devint un avancement pour la ferme. Car la perte de cette grange a permis la construction d'un poulailler indépendant de l'étable. Dans l'ancienne version, les précédents propriétaires avaient installé les dindes dans le même bâtiment que les vaches. Elles se retrouvaient au-dessus des vaches, dans la même étable, et elles en occupaient deux étages. La poussière et les déchets produits par les volailles rendaient l'air vicié pour les bêtes.

Avec cette opportunité, il est maintenant possible de relocaliser les dindes dans un bâtiment indépendant du troupeau. Ainsi les animaux sont tous, dorénavant, à leur potentiel optimal. Ce fut une amélioration notable quant à la production qualitative et pécuniaire de l'entreprise. Et Dieu qui ouvre encore la source de la bénédiction.

Construction d'un bâtiment destiné à la partie avicole de la ferme.

De plus, Irène et Otto avaient déjà entrepris des démarches en 1979 pour construire un nouveau bâtiment, près de la route en face de la maison. À ce moment-là, le gouvernement avait refusé leur projet et leur avait proposé de construire beaucoup plus loin de celle-ci. Les Aeschlimann avaient mis de côté les plans. Le couple considérait que cela compliquait les nombreux déplacements inhérents au commerce et au transport des produits de la ferme. Cette fois, en 1983, le gouvernement approuve la proximité de la route et la construction débute. En 1979, le fonctionnaire croyait que le projet était pour des cochons. En 1983, réalisant que c'était pour abriter des dindes, il donne son accord. La bénédiction se déverse ainsi sur eux.

Dieu a appelé Irène au Canada par la foi et pour la foi. Et cet épisode de lutte et de victoire sert de modèle pour tout le monde autour d'elle. Modeste et humble, elle ne divulgue que rarement les sages conseils qui l'habitent. Elle est reconnaissante pour l'ouverture de ses amis québécois et leur mentalité plus libre que celle rencontrée dans certaines églises de Suisse. Elle associe les grands espaces géographiques de sa région aux grands espaces dans les cœurs de ses habitants.

« Oui, Seigneur, si c'est pour Ta gloire », avait-elle dit en Suisse, il y a une dizaine d'années. Elle renouvelle ses vœux à ce moment-ci de sa vie. Ce moment de doute et de colère lui a permis de développer de la compassion et de l'empathie pour ceux qui traversent la vallée du doute. Elle est reconnaissante pour cela, pour le fait que nous avons cette liberté d'être fâchés contre Dieu car Il est amplement capable de nous assumer et de nous porter dans ces moments-là. Et notre apaisement vient de Le connaître un peu plus dans ce qu'Il choisit de nous révéler. Il se présente alors sous la forme la plus adéquate à notre besoin, à cet instant précis de notre vie.

Une entreprise prospère

En 1988, la construction s'agrandit encore et la gestion de l'aviculture devient de plus en plus sophistiquée. Les volailles sont logées dans trois bâtiments reliés par un couloir central, au milieu duquel se trouve une pouponnière pour les dindes. Une fois à maturité, les bêtes sont déplacées vers une des ailes de l'immense poulailler. Encore plus d'efficacité dans chacun des élevages.

L'entreprise des fermiers suisses canadiens est une preuve vivante que c'est la bénédiction de l'Éternel qui enrichit. Ils prospèrent avec prudence et avec la sagesse que la marche avec Dieu leur propose. Prendre des décisions judicieuses en affaires est un défi récurrent. Irène est l'employée de la ferme qui tient les comptes et qui gère l'aspect financier. Elle sait que réussir tient à une série de bonnes ou de mauvaises décisions.

Son seul oncle, Ernest, avait fait des choix questionnables. Elle gardait toujours en tête ce triste exemple comme une garde à sa gestion. Il était toujours cité dans la famille comme le contre-exemple à suivre en affaires. Il avait vécu en Afrique et travaillé comme boucher. Sa femme l'assistait avec douance dans la boutique. Mais ils doivent revenir au pays en 1939 pour qu'il s'engage dans l'armée suisse. Sa femme est allemande. Après la guerre, ils retournent au Congo-Belge pour repartir une boucherie prestigieuse. Mais cette fois, à la suite de troublantes révélations de guerre, ils ne sont pas bienvenus en Afrique en raison de la nationalité allemande de l'épouse. Le commerce, délaissé par les clients, s'effondre. Ils ont tout perdu.

Quand, en 1975, Irène et Otto avaient fait part de leur projet de venir s'établir sur une ferme au Canada, on les décourageait en leur disant qu'ils font comme l'Oncle Ernest et sa folle ambition qui l'a ruiné.

À cause de cela, Irène, prudente avec chaque sou, calcule tout avec minutie et attention. Un jour qu'elle partage toute son admiration pour la prospérité de certains fermiers du comté, à leur ami M. Gasser, elle reçût la réponse suivante :

« Continuez à être prudents comme vous l'êtes et vous verrez dans dix ans laquelle des deux fermes se portera le mieux ! »

Sage conseil. Otto prend la décision de remplacer toutes ses vaches par de purs sangs, mais une à la fois, au fur et à mesure que le budget permet de remplacer le cheptel.

Gérard au travail.

Une ferme est à vendre sur le rang 9. Les Aeschlimann ont l'intérêt de l'acheter avec ses terres. Irène établit son offre. Les fermiers s'entendent et achètent la ferme au prix offert. La ferme Victoire double quasiment sa superficie.

Claudia et Gérard (1987).

M. et Mme Moser, les parents de Claudia.

La famille s'agrandit avec le mariage de Gérard et Claudia,
et les enfants de Marlyse et Jacob.

Gérard s'est marié en 1987 et vit sur la ferme dans la maison près de la grange brûlée. Lui et son épouse Claudia iront dans la maison nouvellement acquise avec la ferme du rang 9.

Une grande source de bénédictions pour Irène et Otto. Philippe est un jeune homme solide.

CHAPITRE 12

Des bénédictions

Le travail de nuit

Le sommeil d'Irène est perturbé pendant quelque temps après le décès de Martin. Ainsi, elle va au lit vers 20 h, en même temps qu'Otto, et puis elle dort quelques heures. À minuit, elle se lève et se réfugie dans le bureau pour effectuer son travail de comptable pour la ferme. Elle retourne ensuite se coucher vers 4 h du matin, contente d'avoir pu travailler sans être dérangée pendant que tous dorment.

Elle a une entente avec Philippe ; il doit passer la réveiller afin qu'elle mange avec lui et qu'ils préparent ensemble son lunch. Elle tient mordicus à prendre ce temps mère-fils chaque matin. Du moins, pendant le calendrier scolaire. Philippe est fidèle et fiable dans son rôle de sentinelle. Il semble facile pour lui de se réveiller et de sauter du lit.

Et, la routine de faire la comptabilité la nuit, elle la conserve pendant 19 ans. Ce temps, seule, lui permet de gérer et d'apprendre de nouvelles connaissances utiles à la ferme : Électricité, agronomie, comment mieux semer et récolter, bref utiliser au mieux toute sa capacité intellectuelle. Un électricien charmé par ses connaissances lui avait demandé si elle était mariée !

Les femmes portent les costumes traditionnels suisses collectionnés par Irène. Elle a 46 ans et Otto 52.

Une autre révélation divine

Les Aeschlimann ont vécu tant d'aventures depuis leur arrivée en 1975. Ils ont passé par beaucoup d'épreuves et de tribulations. Et cela, Irène ne peut l'éloigner de ses pensées. Tout ce qu'elle est, et tout ce qu'elle a aujourd'hui, c'est à Dieu qu'elle le doit. Pour sa gloire à Lui et non pour la sienne. Lors de ses décisions quotidiennes concernant la famille, la ferme, les affaires, elle s'est investie constamment et elle retire une grande fierté de sa persévérance. Toute la bénédiction pécuniaire qui a découlé de ses choix d'investisseuse n'a rien changé de son humilité et de sa simplicité.

Un jour de printemps, Irène complète ses tâches de responsable avicultrice. Pendant la courte marche qui la mène vers la maison, Dieu lui révèle une vision surprenante. Une autre révélation ! Elle observe des images dans son esprit. Elle voit que la ferme grandit. La ferme grandit tellement que de grandes quantités d'argent passent devant ses yeux. À cela, elle dit à Dieu :

« Si tu veux me donner tout cela Seigneur c'est Toi qui sais, mais je ne veux pas changer, je veux rester simple et sans extravagance comme maintenant. »

Irène ne mentionne pas si cette fois elle a dit :

« Oui Seigneur, si c'est pour ta gloire. » Mais sa vie en témoigne clairement. Parfois, quand elle fait des achats, elle revient avec ses sacs et dit à Otto :

« Aujourd'hui ceci était en spécial, alors j'en ai pris. »

Et lui, aussi humble, lui dit :

« En avons-nous vraiment besoin ? »

Elle éclate de rire à chaque fois. Elle veut garder sa consommation contrôlée et ne pas alourdir sa vie par des choix qui ne lui ressemblent pas et qui brimeraient sa liberté. Elle pense :

« Seigneur cela t'appartient. Donne-moi la sagesse de bien gérer tout ça pour ta gloire, gérer tout ce que Tu m'as confié. »

La légendaire et chirurgicale gestion suisse ne fait pas exception chez les Aeschlimann !

Quand elle pense aux suivants, elle sait que Dieu est en contrôle. Ce qui est demandé à une génération sera peut-être différent pour la suivante. On ne peut donc pas imposer chacune de nos méthodes pour ceux d'après. Mais la foi et la consécration, peu importe sa forme, est prioritaire et non-négociable pour Irène, parce que considérée comme la vraie richesse !

« Aimez Dieu avec ce que vous êtes, dans ce vous faites, à travers les opportunités et les circonstances qui se présentent à vous ; et dans l'époque de l'histoire qu'il vous est donnée de vivre. Et Dieu pourvoira aux besoins et aux moyens, déversant les bénédictions utiles à chacun. »

Telle est sa pensée et son caractère.

Il est important que chacun réponde à l'appel de Dieu sur sa propre vie. Quand elle se revoit dans le motel de Marieville à manger les conserves et les saucissons de sa valise emportée « au cas où », parlant un québécois expérimental, elle est apaisée. Dieu pourvoyait pour sa formation, à cette époque, avec le même souci qu'Il dispense dans l'abondance aujourd'hui. Gérer peu ou beaucoup demande de la reconnaissance et du contentement. Et la piété, avec le contentement, est une combinaison qui apporte paix et sérénité.

Bénie par une lecture

Les années passent. Douze années ont passé depuis la mort de Martin. Nous sommes en 1990. Irène continue de rester prudente dans ses relations avec les gens. Bien sûr, ils vont encore dans une assemblée chrétienne, mais Irène n'a pas retrouvé sa liberté relationnelle. Quand elle se permet un commentaire sur le deuil de son fils, on la conseille de passer simplement à autre chose ; car, lui dit-on, c'est du passé maintenant ! Personne ne semble être en mesure de comprendre ce qu'elle porte.

Les Aeschlimann sont invités au mariage d'un fils de la famille Perrochon. Lors du souper de noces, Irène fait la connaissance de la tante du marié qui est aussi suisse. Elles embrassent la même foi.

Sa nouvelle connaissance lui partage que, lors d'une conférence pour femme en Suisse, elle avait assisté au témoignage d'une chrétienne qui a perdu sa fille de 17 ans dans un accident de voiture. La conférencière a écrit un journal pour chaque jour de sa vie suivant son décès. Il contient son cheminement, ses questionnements et ses victoires sur le découragement et la solitude. Ce journal est donc disponible sous forme de livre. La compatriote suisse ignorait complètement, en fait, qu'elle partageait ce trésor à une mère affligée par la même souffrance que l'auteure. Irène, vraiment animée par l'intérêt, lui donne un montant d'argent en lui demandant de le lui procurer.

Irène reçoit bientôt le témoignage[2], Des roses pour Ruth, qu'elle dévore. Cette lecture l'extirpe de sa solitude, réalisant que d'autres vivent aussi la même perte. Elle recommence à s'ouvrir et à retourner vers les gens. Elle ose lever les yeux et faire confiance à nouveau car, même si tous ne comprennent pas sa douleur, tous ne sont pas mal intentionnés et ne sont pas à éviter coûte que coûte. Affectionner à nouveau lui demande du courage, mais nourrit sa vie de relations significatives.

À la même époque, elle retrouve un livre précieux reçu pour ses 40 ans. Elle l'avait reçu d'une tante, sœur de son père. C'est une version de La Bible de Luther assortie des commentaires du théologien : une mine d'or pour qui cherche à approfondir les Saintes Écritures. Elle s'y plonge scrupuleusement, sans laisser espacer les jours.

Ces lectures quotidiennes, enrichies de texte expliquant certains passages, nourrissent sa foi et augmentent sa connaissance. Le désir ultime de Dieu est d'être avec son enfant et cela, elle le saisit pour elle-même, un peu plus chaque jour. Cette connaissance amplifiée contribue grandement à lui faire voir les choses différemment, dans une perspective éternelle, oui, mais tout aussi personnelle que l'avait été sa relation avec Hans, son père. Dieu prend soin d'elle et Irène est confiante qu'Il pourvoira dans toutes les sphères de sa vie. Elle est convaincue sans bornes que, plus on Lui fait confiance, le plus on reçoit de Lui dans la mesure et dans la forme appropriée du moment de notre vie.

---

[2] Else SCHONTHAL, Rosen für Ruth, - Mein Weg durch die Trauer, 1989.

La famille vers 1990. La cinquantaine pour Irène.

De l'église sur la ferme au bâtiment de Farnham

Dès son adolescence, Irène voit l'hospitalité de son père et de sa mère qui mettent leur maison à la disposition d'une petite assemblée, invitant les gens à se réunir dans leur salon. Les assemblées sur la ferme Hofmann en Suisse se tiendront jusqu'en 1985. Elle et Otto ont aussi offert la leur pour l'église, tenant des réunions dans leur maison en Suisse et maintenant ici, au Québec, dès leur arrivée sur la ferme Victoire.

Église de Évangélique de Farnham.

Les Aeschlimann tiennent des assemblées de prière dans leur cuisine avec les autres familles suisses allemandes. Surtout celles du vendredi. Le dimanche, les réunions ont lieu à l'église de Marieville. Dans les maisons, aussitôt que se sont joints quelques Québécois francophones, la langue d'usage est passée au français. Les gens l'ont fait par simple courtoisie, ce qui a rendu les choses pratiques et accueillantes. La fraternité se vit dans les dîners en commun ou dans les pique-niques en été. Quand Claudia et Gérard ont déménagé sur le rang 9, leur sous-sol est devenu l'hôte de rassemblements aussi. Chaque famille recevant tour à tour selon un horaire mensuel. Les prédicateurs sont des pasteurs suisses ; ce sont Arthur von Bergen et Arnold Glausen, qui enseignent aussi en français. Les chrétiens achètent une maison à Farnham pour encourager l'engagement d'un pasteur permanent. L'Église se transporte donc à Farnham dans le sous-sol de la maison pastorale. Un agrandissement du lieu s'impose et on atteint rapidement une limite. Otto, président du conseil, composé de cinq hommes, propose de construire un bâtiment pour servir de lieu de culte. L'église cherche donc un terrain.

Irène et Otto investiguent en ce sens et en trouvent un près d'un motel de Farnham. Ils l'achètent sans hésitation et le donnent à leur communauté chrétienne.

L'humilité tient ce geste discret, mais pour eux, faire ce don est en fait une offrande de reconnaissance : nous recevons de ta main ce que nous t'offrons Seigneur ! Dieu fait fructifier leur travail et affermit l'ouvrage de leurs mains. Il pourvoit dans les coffres de ses fidèles de façon tellement étonnante qu'Irène ne peut toujours pas expliquer, par moment, les montants qui s'affichent dans sa comptabilité.

Les chrétiens de Suisse ont la philosophie de ne jamais endetter les finances de l'église, même lors d'une construction. Le président des Églises Évangéliques de Suisse, Fritz Pulver, contacte Irène et s'enquiert des nouveaux développements. Elle l'informe :

« Tout l'argent n'est pas accumulé, mais la construction est commencée et nous ne pouvons l'arrêter. »

Les missionnaires Esther et Markus Hauser de Suisse. Les enfants sont Yasmine et David, enfants de Philippe et Esther. Jour de la présentation de David à l'assemblée.

En 1995-1996, un couple de missionnaires suisse de L'Église pour Christ, Esther et Markus Hauser, viennent faire un stage de plusieurs mois au Québec. On les retrouve dans l'église de Farnham.

Après leur stage, ils reviendront au Québec et le couple engagé servira finalement la petite assemblée pendant près de 20 ans, déployant amour et dévouement tout au long de leur mandat.

La famille Buchser, composée du couple et de leurs quatre enfants, leur succédera. Ils sont tout aussi impliqués et une source de croissance pendant 4 ans.

La famille Aeschlimann dans l'église en 2005.

En novembre 2020, l'assemblée prend la décision de se joindre à l'Association des Églises Baptistes Évangéliques du Québec (AEBEQ). En 2023, un pasteur prend le poste à temps partiel, mais n'habite pas dans la région pour le moment.

Gérard est président du conseil d'administration de l'église, succédant depuis quelques années à Otto. Les familles de Marlyse et de Philippe fréquentent d'autres assemblées évangéliques.

www.eglisefarnham.org/

Des souliers rouges

En Suisse, dans les églises, le code vestimentaire s'énonçait comme ceci : oublier les pantalons même dans la maison ; les femmes portent les cheveux longs et ne se maquillent pas. On ne doit pas porter de vêtements d'homme si on est une femme et vice-versa. Pas de couleurs criardes et la longueur des jupes se calcule à la hauteur de 30 cm depuis le sol.

Le problème ne s'est pas posé tant que la mode était la jupe longue. Quand est arrivée la mini-jupe, les rebelles étaient plus visibles ! Si vous accomplissez un ministère dans votre église, vous devez vous conformer à la lettre à ses directives sans contestation aucune. En faisant partie d'une chorale pendant dix ans, Irène devait respecter ces critères afin de pouvoir en demeurer membre. D'un caractère collaborateur et pacifique, elle n'en souffrait pas personnellement.

Curieusement, il est légitime de se poser la question à savoir à quoi servent certains codes vestimentaires, quand vous vous retrouvez au Canada en hiver : cela bouscule clairement ce que nous considérons comme de l'éthique chrétienne ! Voilà à quels questionnements puérils Irène doit répondre pour ne pas souffrir du froid québécois. Elle recherche la piété sans doute. Mais en est-ce réellement ? Ursula, la sœur d'Irène considérait ces changements comme étant injustes pour tous ceux qui avaient subi ces pressions, dont elle-même. Elle ne comprenait pas que les standards changeaient tout à coup. Même coiffée les cheveux attachés en queue de cheval, cette simple fantaisie s'il en est, était interdite. Et maintenant chacun et chacune se coiffe comme il ou elle veut ! Selon Irène, ce genre de tristesse liée au sentiment d'injustice est légitime chez les gens de toutes générations qui ne cherchaient en réalité qu'à honorer Dieu dans leur conduite, sans discuter ni contester. Mais il faut être toujours prêts à se questionner sur nos motifs et discerner à qui voulons-nous plaire réellement.

Heureusement, certains osent remettre en question des codes vestimentaires reçus et les évaluent à la lumière de leurs contextes historiques, politiques et culturels ; et ils veulent en comprendre l'esprit et non la lettre.

Quitter les églises de Suisse et venir vivre au Canada a libéré Irène en fait des fardeaux de ce genre. Elle ne fréquentait pas d'église évangélique anglophone ou francophone car les réunions en suisse allemand ont commencé dans leur maison. Mais nous savons que les églises établies dictaient les mêmes codes vestimentaires qu'en Suisse ; certaines imposaient même le port du chapeau pour la femme dans l'église. Pour les hommes et femmes qui ont grandi dans des enseignements plus rigides encore, on leur interdisait d'aller à l'école du village, que l'on considérait sous l'emprise du monde ou du diable, selon les convictions enseignées. Plusieurs ont été ainsi privés de connaissances et d'instruction, sans possibilité de diplomation, qu'ils auraient manifestement atteinte autrement. Ce genre d'abus et bien d'autres a poussé le gouvernement provincial à déconfessionnaliser les écoles et le système d'éducation dans les années 1970 au Québec.

Dans sa famille en Suisse, Irène bénéficiait de la présence d'un père qui l'aimait et qui la poussait à se former et à étudier, elle, une fille. Dans ce même esprit de liberté, Irène magasine des chaussures et opte pour des souliers rouges étincelants. Ils étaient magnifiques. Quand elle est entrée fièrement à l'église avec ses flamboyants souliers, plusieurs ont pensé que c'était le signal de son départ de l'église et qu'elle affichait son hérésie ! Mais elle, toujours sur un nuage, ne soupçonnait en rien ce qui se traduisait dans la tête de certains dans l'assemblée. Une amie l'en informa plus tard. Elle était stupéfaite de tant de condamnation pour une couleur...

Une autre fois, elle se rend à une réunion d'église en semaine. Elle a cette habitude d'y aller à vélo et de ne pas mettre de bas collant pour son plus grand confort. Le directeur de la soirée commence une lecture après avoir salué l'assemblée comme il se doit. Sur son bout de papier est écrit un règlement stipulant que l'on ne doit pas venir à la réunion sans porter de bas ! Surprise par ce commentaire, Irène donne un coup de coude à son amie pour essayer de comprendre et dit :

« Mais moi je viens toujours sans bas ! »

« Mais oui ! Il lit la lettre à cause de toi Irène ! »

Elle ajusta ce comportement, mais on ne lui donna pas d'explications supplémentaires et elle n'en recevrait évidemment pas de ses parents plus libéraux. Otto avait ceci en commun avec ses beaux-parents : il a toujours trouvé inutile, voire dangereux, le jugement porté sur les gens en raison de considérations extérieures et superficielles. La légende raconte qu'Irène portait ses souliers rouges quand ils se sont connus...

Emma était réservée et appréciée. Hans, lui, en raison de ses nombreuses implications sociales sur divers comités (il était maire de Worb), vivait une forme de pression par certains leaders des assemblées suisses. On considérait « mondaine » sa conduite si près du peuple. Et pourtant, si Dieu allume une lampe, il ne veut pas qu'on la cache, mais qu'elle éclaire !

Irène suivra son exemple une fois au Canada. Elle s'est impliquée pendant plusieurs années dans le conseil d'établissement de l'école de Sainte-Brigide. Elle a été recommandée et élue par ses concitoyens comme membre du conseil d'administration de la Caisse Populaire du village pendant dix ans. Elle est devenue une leader de lumière et non une femme menottée par la peur. Celui qui est en vous est plus fort que celui qui est dans le monde. « N'ayez crainte : j'ai vaincu le monde » est une parole de Jésus citée dans les Évangiles.

La foi en Dieu développe la confiance en ses possibilités, puisque c'est Dieu qui équipe pour le travail. Il utilise volontiers ce que nous sommes entièrement dans la sphère de compétence qu'Il donne à chacun. Pourvu que nous consentions à être disponibles. Quel modèle pour ses enfants et ses petits enfants !

CHAPITRE 13

Les amitiés précieuses

Veronica

Un ami près de toi vaut mieux qu'un frère éloigné, dit un proverbe. Veronica Schupach et Irène vivent une belle amitié de 12 jusqu'à 84 ans.

Irène et Otto ont tout laissé derrière eux. Des gens surtout. L'affection sincère est l'apanage de ceux qui la cultivent. Ce qui est le plus difficile pour notre héroïne, c'est de laisser sa grande amie Veronica. Une amie précieuse connue à l'adolescence avec ses défis. Son absence est un grand vide dans ce pays aux mille adaptations. Mais des photos la transportent des années en arrière.

Irène Hofmann a 16 ans. Elle arbore un caractère doux et discret. Une force de caractère et une capacité intellectuelle remplissent ce petit bout de femme. Irène rencontre Veronica dans l'église qui prend place chez les Hofmann chaque dimanche ; elles partagent donc, en tout premier lieu, une foi vivante. En pleine adolescence, les filles se lient d'amitié. La nouvelle amie est d'un an son aînée. Veronica Schupach et Irène Hofmann avaient en commun un sens de l'humour et une vivacité meublant le temps passé trop vite ensemble. Si Irène est issue d'une famille unie malgré les épreuves, Veronica doit composer très jeune avec la solitude et l'abandon. Sa mère, décédée à sa naissance, son père se remarie quelques années plus tard avec une conjointe qui ne veut rien entendre de s'occuper d'une Veronica âgée de 4 ou 5 ans. Son grand-père maternel la prend donc avec lui. Ils vivent ainsi tous les deux, sans une grand-mère, car elle est décédée également. Une femme engagée s'occupe de l'aspect domestique de la maison. Cet homme est bon pour sa petite-fille, elle grandit et s'épanouit sous ses soins dans la ville de Worb. Irène et Veronica passent de belles années ensemble. Leur complicité forme un nid propice pour les confidences et la transparence. Elles partagent également des années de scolarité à l'école de commerce de Bern. Après ces trois années d'études, Veronica travaille dans les bureaux pour une chaîne commerciale comparable à Sears, ici au Canada.

Irène, émancipée par son permis de conduire, entraîne son amie dans des sorties en voiture. Elles explorent la Suisse lors d'aventures improvisées, parfois audacieuses. Un soir, elles sont allées vers Thun pour en explorer le lac. Elles louent un bateau motorisé. Les deux se retrouvent donc à naviguer, sur un lac inconnu, le soir, ne sachant pas nager ! La peur n'existe pas pour elles, occultée par une lune magnifique et le bonheur du moment.

Puis, Veronica et Irène se rendent dans un petit café, où elles dégustent une excellente pointe de tarte et un café. Cette histoire est savoureuse. La douceur de cette amitié est une grâce pour Irène dont le père est malade, et donc la lourdeur de vivre teinte les moments à la maison Hofmann. Les éclats de rire, les échanges et les confidences précieuses entre les deux jeunes femmes remplissent un vide laissé par leurs mères absentes. Celle de Veronica par la mort physique, celle d'Irène par la froideur de son cœur brisé. Les nouvelles âmes sœurs se comprennent, se soutiennent et s'exhortent mutuellement dans les différentes étapes de leur vie. Irène et Otto se marient un an avant leur amie. Ils s'installent à Richigen sur la ferme familiale afin de soutenir Emma.

En 1960, Veronica se marie avec Alun Morris, un pasteur anglais. Veronica avait également complété des études dans un collège biblique à une période de sa vie.

Irène et Veronica.

Le mariage du couple Morris en 1960.

Irène et Otto au mariage de leurs amis.

Ironiquement, le couple de missionnaires est envoyé au Québec, à Montréal pour initier un nouveau ministère dans une église. Irène et Otto vivent encore dans le Canton de Bern. Sur le bateau qui les transporte en Amérique, Veronica attrape la rougeole alors qu'elle est enceinte. Elle est très malade, mais, malgré tout, elle rend sa grossesse à terme. Leur fils Adrian naît à Montréal, on les rassure, il est en parfaite santé, sans dommages apparents dus à la rougeole. Le couple anime une cellule au Québec, mais malheureusement, on les remercie. Pour subvenir au besoin de sa famille, Pasteur Morris devra travailler chez Eaton, un magasin de vêtements au centre-ville de Montréal. Irène et Otto contribuent à leur sécurité financière quand cela s'avère opportun. Avec le temps, ils considèrent un retour en Europe. Ils reviendront en Suisse trois ans plus tard.

Irène et Veronica sont heureuses d'être de nouveau ensemble, car elles ont beaucoup à rattraper. Elles se retrouvent au salon de la ferme louée d'Erlach. Gérard et Adrian s'amusent ensemble sous le regard attendri d'Élizabeth, une employée formée par Irène pour la vie sur la ferme. Elle est particulièrement douée avec les enfants ; en soirée, elle mentionne à Irène que le comportement du petit Adrian est anormal. Si elle le compare à celui d'un enfant du même âge comme Gérard : il ne bouge pas quand on lui parle, mais seulement quand on lui pointe les choses ou une direction. De plus, il ne parle pas, aucun mot ne sort de sa bouche. Elle craint que le garçon de trois ans ne soit sourd. Veronica alertée fait les démarches. Un spécialiste confirme que la surdité profonde est une conséquence de la rougeole pendant la grossesse de Veronica. Comme elle n'a jamais côtoyé d'enfant avant le sien, la jeune femme ne relève pas d'emblée ce retard de développement du langage. Aidée par une amie en Suisse, elle aura accès à un médecin spécialiste qui lui indique qu'à la rentrée scolaire, Adrian devra fréquenter une école spécifique pour les besoins de personnes malentendantes. Quelques mois plus tard, ils auront aussi une fille, Catherine, qui bénéficie d'une bonne santé. Un deuxième fils, Samuel, suivra. Adrian devenu jardinier a épousé une femme atteinte de surdité à la suite d'un accident. Catherine Morris a, encore aujourd'hui, un ministère de restauration pour les réfugiés qui arrivent en Suisse. Samuel est décédé à 27 ans lors d'une manœuvre militaire pendant son service. Il avait une femme et deux enfants.

Irène et Otto ne seront jamais en même temps que les Morris en terre canadienne. Les Morris vont davantage en Angleterre où vit la belle famille de Veronica. Avec les années, la santé osseuse de la femme se détériore et l'empêche de visiter sa précieuse amie au Québec. Mais les deux femmes prennent régulièrement des nouvelles l'une de l'autre lors de longues conversations téléphoniques.

L'amitié de Veronica est ce qui manque le plus à Irène une fois installée en Amérique. Elle avait bien de bons moments avec d'autres femmes, comme Mme Gasser. Mais leur rapport n'était pas le même. Avec les Canadiennes, la barrière de la langue pose, au départ, du moins, un obstacle. Plus isolée encore furent les deux années où Marlyse partit travailler en Suisse. À ce moment, Irène se retrouve seule comme femme, entourée d'un monde d'hommes, tant sur la ferme que dans les affaires. Incidemment, les pensées d'Irène sont dirigées en permanence sur les besoins de l'entreprise. Tout est nouveau, tout est à confirmer quant aux revenus des différentes productions. Les premiers résultats sont encourageants en raison de la compétence d'Otto dans la nutrition et le soin aux vaches. Même la femme de l'ancien propriétaire lui avait fait remarquer :

« M. Aeschlimann est vraiment meilleur que toi pour soigner les vaches qu'il abreuve et nourrit nuit et jour. »

Tout de même encouragée, Irène n'en jongle pas moins et sa tête gère constamment. Elle n'a donc pas le temps de s'ennuyer ni de trop réaliser combien lui manque Veronica. Plus que tout, c'est le même esprit qui les habite qui garde les deux amies liées. Leurs cœurs consacrés à Dieu les disposent d'une compréhension mutuelle, qu'Irène vit aussi avec Otto, mais avec aucune autre connaissance. Non, personne ne remplace sa bonne amie. Leur amitié durera jusqu'à la mort de Veronica en mai 2022.

Quelque temps après son décès, Irène prend des nouvelles du conjoint de sa complice. Alun confirme à Irène toute la tendresse qui habitait sa femme pour sa « petite grande amie » devenue canadienne. Et, un jour qu'ils roulaient dans la ville de Thun, il a surpris Veronica à sourire en regardant le lac. Puis elle lança en passant joyeuse devant le restaurant :

« Irène et moi avons savouré ensemble, ici, de la tarte et du café ! ».

Marlyse Reichenbach

Parmi ses amies, elle compte aussi Marlyse Reichenbach. Le couple Reichenbach possède une ferme sur le rang 9 de Sainte-Brigide d'Iberville et ils sont aussi d'origine suisse allemande. Elles communiquent donc plus librement ensemble. Cette amie bienveillante prévient Irène des fermetures scolaires en hiver parce qu'elle écoute la radio locale et sait qu'Irène ne le fait pas. Dans les jours et les semaines qui ont entouré le départ de Martin, avec fidélité, Marlyse prie pour son amie et la dépose de tout son cœur dans la consolation que Dieu seul peut apporter dans ces moments-là. De plus, répondant à l'initiative de Marlyse Reichenbach, une collaboration s'organise entre les voisins pour fournir des repas à la famille endeuillée. Ils sont littéralement inondés de nourriture pour des semaines. L'affection sincère enveloppe la famille Aeschlimann d'un filet d'amour bienveillant, les contraignant, par cette distribution hebdomadaire, à recevoir de courtes visites. On ne veut pas que les amis affligés s'isolent plus que nécessaire.

Ilse Gasser

Une autre femme, Ilse Gasser occupe une place importante dans le cœur d'Irène. Elle est la belle-fille d'Ernest Gasser, le mentor des Aeschlimann. Leur attachement culminera quand, seule à l'hôpital, au décès de Martin, Irène téléphone à son amie pour qu'elle vienne la chercher à l'urgence pour la ramener à la maison. Les bras grands ouverts, Ilse avait recueilli une Irène complètement désemparée, brisée, effondrée par la douleur de la séparation d'avec son fils. Le corps de Martin était dans une pièce près des deux femmes en pleurs. À ce moment-là de la journée, personne d'autre, hormis Irène et son amie, ne connaît le triste dénouement. Il faut maintenant partager cette lourde fatalité aux membres de la famille Aeschlimann. L'amie, sans aucune hésitation, entre dans la maison avec Irène pour la supporter devant ce Goliath qui se dresse impitoyablement.

Irène demeure reconnaissante de la façon dont cette femme de l'Église Unie a été là pour elle dans un moment intime, le moment le plus difficile de sa vie.

Monsieur et Madame Gasser

M. Gasser et Mme Gasser ont souvent démontré leur affection pour Irène et Otto. Leur style est plus direct, mais leur affection l'est tout autant, aussi entière que l'aurait été celle de parents naturels. Ils sont protecteurs et avisés, ils sont généreux avec le couple Aeschlimann de leurs conseils et de leur expérience sur une ferme en terre canadienne. Comme mentors, ils expriment toute leur fierté devant le succès des Aeschlimann en affaires. Irène témoigne le plan du salut clairement à M. Gasser quelques jours avant sa mort...

La santé d'Ernest Gasser se dégrade de façon évidente. Irène songe souvent à la valeur de cet homme et combien de fois ils ont échangé ensemble sur tant de choses, tantôt les affaires, tantôt la famille. Irène se remémore cette fois où elle lave la vaisselle chez les Gasser et que l'homme vient la retrouver, balbutiant quelques mots importants, qu'il retient avec effort. Elle le rassure de parler librement. :

« Je crois que vous dépensez trop ! » dit-il en un jet.

Irène la comptable demande pourquoi.

« Je sais que vous avez acheté de la machinerie et maintenant je vois que vous avez un nouveau pick-up. Est-ce que vous vous êtes endettés pour ça ? » Irène le rassure :

« Nous avons tout payé et nous n'avons pas de dette. »

Bonne nouvelle pour M. Gasser qui se sent soulagé. Il prend confiance de plus en plus dans la gestion de la fermière.

Elle se rappelle aussi le soutien exceptionnel qu'ils avaient déployé lors du décès de Martin. Ils sont les premiers à se présenter à la maison ce jour-là.

Le chemin parcouru ensemble manque toutefois de clarté sur un aspect pour Irène : l'homme a-t-il la paix avec Dieu devant la mort ? Connu pour être un homme au caractère sévère et sans détour, M. Gasser éveille en Irène la crainte d'être rabrouée, si elle le confronte sur sa foi. Mais elle voit son besoin à lui. Elle est prête à prendre le risque, non sans prier d'abord pour la sagesse lors de ce moment sérieux et définitif. Elle prie aussi pour avoir l'opportunité de se retrouver seule avec lui.

Un samedi après-midi, elle se présente à la maison des Gasser à Pike-River. Irène sent à l'intérieur d'elle-même que c'est le jour choisi par Dieu pour visiter leur ami malade. Mme Gasser l'accueille avec amabilité et lui demande du même souffle s'il est possible pour elle de rester avec Ernest, le temps qu'elle participe à un *shower de bébé*. Irène accepte, bien évidemment, discernant là une réponse à sa prière. Irène comprend qu'elle a maintenant la liberté de témoigner avec respect à cette âme souffrante. L'homme au regard dur l'invite à s'asseoir avec lui au salon.

Hésitante, Irène cherche le courage et les mots pour lui annoncer que Jésus a payé à la croix pour ses manquements et que ceux qui croient cela sont sauvés. Voyant son hésitation, il l'invite à continuer.

« Moi je veux te parler de ta mort, car je crois que tu ne vivras plus longtemps », dit la chrétienne.

Ernest Gasser acquiesce. Irène lève les yeux et voit une peinture dans la pièce.

Un artiste avait peint le portrait de l'homme arborant un visage de marbre. Cela lui ressemble en effet, pense Irène, toujours aux aguets devant les possibles tricheries humaines. Il était rigide, même avant la rencontre avec sa plus grande douleur quelques mois auparavant : devant un choix irréversible, fait par un de ses enfants, il s'était davantage replié sur lui-même, et semblait intraitable. Il en souffre même physiquement. Le père est dévasté, en colère, triste et humilié. Il tombe malade et porte dans son corps et dans sa tête tout le poids de cette réalité. Il souffre physiquement, méconnaissable, parfois confus, diminué. Il refuse même que l'on fête ses 80 ans.

Lors d'une fête précédente, Irène lui avait laissé un livre en cadeau proposant la lecture d'un passage biblique par jour, accompagné d'un commentaire en lien avec les versets. Il lui avait dit :

« Je n'ai jamais accepté de lire ce genre de livre. Mais parce que cela vient de toi, je vais commencer à lire. Il partage un peu plus tard que cette lecture lui fait du bien.

Irène se nourrit de cette déclaration pour continuer la discussion. Elle défit son ami :

-Est-ce que tu es prêt pour rencontrer Dieu ?

-Je ne connais pas Dieu... et je ne veux rien savoir ! Je ne sais rien du tout.

-Mais je veux te présenter maintenant qui est Jésus.

-Toi tu veux m'expliquer qui est Jésus ! Tu crois vraiment le savoir ! Même les pasteurs ne savent pas comment donner une explication sur la vie après la mort et toi tu saurais !

-Mais oui ! Moi je suis certaine de savoir la vérité et que c'est le bon chemin : Jésus est venu sur la terre, ensuite il est allé à la croix et il a payé pour nos péchés. Celui qui croit en lui vit même après sa mort physique.

-Comment peux-tu être certaine de cela ? Le nom de Jésus a créé beaucoup de guerres sur la terre...

- En effet, mais il ne faut pas se concentrer sur cela, mais sur LUI. Tu dois regarder à Jésus et croire qu'Il est mort pour nos péchés... Il est mort aussi pour toi, il est ressuscité et il est auprès de Dieu. Et il est notre avocat auprès du Père.

- Est-ce que tu es sûre ? Tu en es vraiment certaine ? Je n'ai jamais entendu quelque chose comme ça...

- Il est possible que tu n'aies jamais entendu cela auparavant, mais maintenant pense à cela et prie en ce sens... et Dieu va faire le reste.

La pièce semble remplie par les pensées qui se bousculent dans la tête de M. Gasser. Irène le quitte à la fin de ce samedi après-midi, avec le retour de son épouse. Le dernier mois de sa vie, Mme Gasser interroge son mari sur la façon dont il occupe son temps :

-À quoi penses-tu assis dans ton fauteuil à longueur de journée ?

-Je prie », avait-il répondu candidement.

M. Gasser décède en décembre 1983. Quelques jours après sa mort, Grand-Mère Gasser témoigne que son mari portait, dans ses derniers jours de vie, un nouveau visage. Il exhibait miraculeusement un visage paisible et serein, un visage dont la quiétude était contagieuse. Elle n'avait jamais vu une telle paix émaner de lui. Cela rassure Irène sur la compréhension de l'homme face à son éternité. L'histoire ne dit pas si Mme Gasser a exposé un portrait de l'homme au visage paisible. Mais elle en conserve une image dans son cœur. Elle décède cinq années plus tard. Peut-être a-t-elle bénéficié du témoignage de son mari et fait un lien avec ses lectures assidues de la bible.

CHAPITRE 14

La venue des petits-enfants

Mariages et descendance

Le Père d'Otto, Rudolf Aeschlimann, vivra suffisamment longtemps pour voir arriver un arrière-petit-fils, le premier des 13 petits-enfants qui naîtront. Il est le fils de Marlyse et Jacob. Lors de cette première grossesse, Irène et Otto sont en voyage en Suisse. Ils logent dans un hôtel avec Grand-Père Aeschlimann. Curieux de savoir comment se porte Marlyse, il presse Irène de lui téléphoner. Ce qu'elle fait, pour apprendre qu'elle a accouché de Michael à la grande joie de tous, ce 2 octobre 1985. Elle est de retour chez elle après une seule journée d'hospitalisation.

Rudolf Aeschlimann, arrière-grand-père.

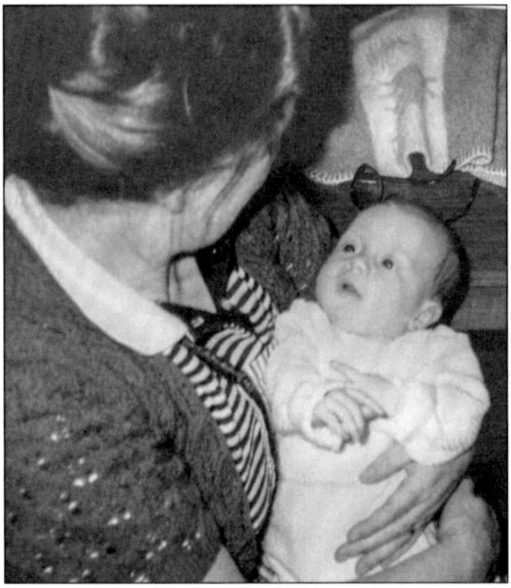

Irène et Michael (1985)

Certainement, chaque couple possède son histoire de vie et ses dénouements. Et il peut paraître ingrat d'en dresser ici une liste comme on en lirait les faits divers. Et pourtant, chacun de ces noms est si précieux pour Irène et Otto. Ils sont empreints d'amour et de fierté. Chacun d'eux porte un visage et est, en fait, la vraie richesse de nos pionniers et la grande récompense de tout leur labeur.

Mariage de Marlyse avec Jacob Fankhauser en juillet 1983. Le 16 du mois. Ils occupent pour quelques années la maison du rang 8.

Mariage de Gérard avec Claudia Moser le 25 juillet 1987.

Mariage de Philippe avec Esther Stucki le 8 avril 1995. Ils ont habité en Suisse 2 ans avant d'emménager dans une roulotte sur le rang de Kempt à Saint-Alexandre.

En 1997, le couple aîné Aeschlimann construit une nouvelle maison sur le rang 8, près de l'endroit même où la grange avait brûlé. Ainsi s'amorce la chaise musicale des maisons dont chaque couple vit une forme de promotion : Irène et Otto quitte le 50 vers le 56 rang 8, Gérard et Claudia passeront donc de la ferme du rang 9, l'ancienne ferme des Reichenbach, à la maison des parents sur la ferme du rang 8. Philippe et Esther déménageront de la roulotte sur le rang de Kempt à la ferme sur le rang 8. Les Fankhauser habitent à Sainte-Sabine, le village voisin, sur leur propre ferme. Il semble que cette danse du logis sera l'apanage aussi de la prochaine génération.

Chaque famille tricote ses journées et le temps s'écoule au rythme des cycles de la ferme. Treize naissances viennent bénir Irène et Otto et les enracinent plus que jamais dans le sol fleur de lysé. Dorénavant, leur histoire est liée à la naissance de leurs petits Québécois qui s'expriment en suisse allemand et en français.

Les enfants de Marlyse et Jacob, outre Michael né le 2 octobre 1985, sont Joël né le 4 août 1987 ; suivi de Rachel née le 27 juin 1989, vient ensuite Matthieu le 24 mars 1991. Irène dit de lui qu'il est le bébé le plus maigre qu'elle ait vu dans sa vie ! Mais, il n'avait pas de problème de santé, heureusement. Et le cadet, Marc, né le 23 novembre 1993.

Les enfants de Gérard et Claudia sont au nombre de cinq également. Malgré les statistiques amusantes d'Irène, Claudia ne donnera pas naissance le 8 août, la date de fête d'Emma Burki, sa mère. Son anniversaire serait le 8e jour du 8e mois 88 ! Manuel leur premier-né arrivera plutôt le 28 août 1988. Mélanie, l'aînée des filles, naît le 7 mars 1991. Sheila le 7 septembre 1992, Céline, voit le jour le 13 octobre 1993. Puis le cadet Dan, le 6 juin 1998.

Philippe fait ses études en agriculture à Saint-Hyacinthe. Il quitte ensuite pour la Suisse, où il travaille sur une ferme quelques mois. Il occupe plus tard un poste de gestionnaire agricole à Frienisberg, un type d'emploi semblable à celui qu'Otto et Irène ont occupé à l'époque de leur vie à Wieldlisbach. Cette ferme fait partie d'un centre de soin, pour subvenir aux besoins de 400 personnes âgées. C'est à ce moment qu'il rencontre Esther. Ils se marient et habitent la Suisse deux ans avant de venir s'installer au Québec. Philippe aura, finalement, passé plus de cinq ans en Suisse avant de revenir au Québec avec Esther enceinte de huit mois pour leur aînée, Yasmine.

Philippe et Esther sont les heureux parents de trois enfants, tous blonds aux yeux bleus, comme chacun des enfants qui composent l'helvétique confrérie Aeschlimann-Hofmann.

Yasmine naît le 7 juin 1997, David le 20 janvier 1999 et la cadette des petits-enfants Aeschlimann, Mélissa, voit le jour le 23 août 2000. Elle est donc née 100 ans après Hans Hofmann, le père d'Irène. Enfin la mathématicienne en elle trouve une équation satisfaisante !

Marlyse et Michael.

Gérard et Manuel, dans les bras de Rudolf Aeschlimann, arrière-grand-père.

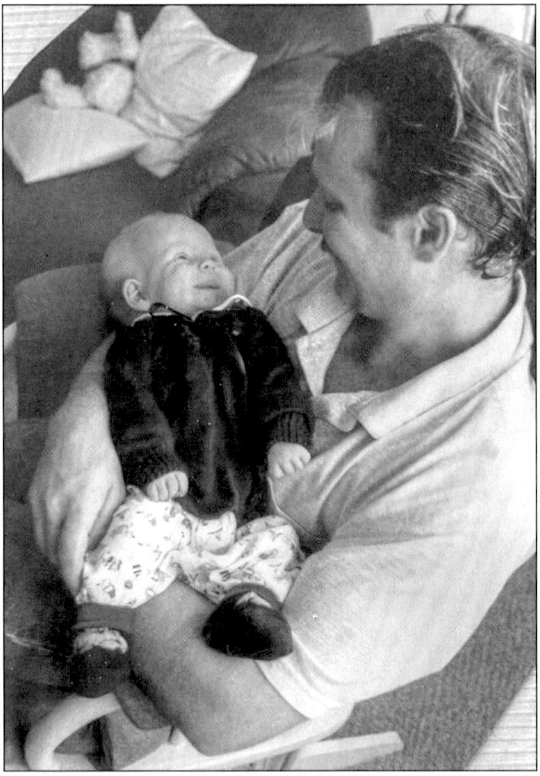

Philippe et Yasmine.

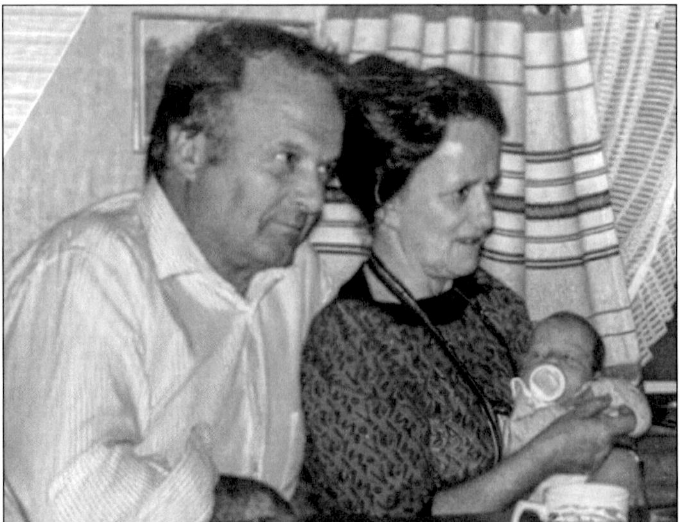

Le bébé est Manuel, fils de Gérard.

Irène, en maître des chiffres, ne peut s'empêcher de faire des liens. Ainsi, quand le premier petit-enfant est né, Philippe son plus jeune, avait 15 ans. Et quand la fille de Philippe, Mélissa, la plus jeune de cette génération, a eu 15 ans, le premier arrière-petit-enfant est né.

Ces 13 petits enfants sont une source de joie pour Irène et Otto. Irène en particulier, a le doigté avec les enfants et tous tombent vite en amour avec elle. Sa porte est ouverte en tout temps et ils ne le savent que trop bien. Les uns viennent pour collationner, d'autres pour jouer au Monopoly, d'autres pour voir le fourmillement de la ferme. Des chemins sécuritaires sont aménagés entre les maisons des petits-enfants et celle des grands-parents. Ainsi, ils peuvent se visiter en toute quiétude.

Forcer les enfants à faire quoi que ce soit n'était pas dans sa méthode, mais plutôt de les accompagner sous forme de jeux. Ce qui rend le passage de la balayeuse amusant pour David ou arracher de mauvaises herbes attrayant pour Céline !

La proximité avec chacun de ces petits est une vie riche et surprenante. Bien sûre, toute conversation originale est en suisse allemand, incontournable quand on jase avec Grosmueti ou Grossvati Aeschlimann ! Si des francophones sont présents, alors c'est le français qui s'applique.

Dan ne bénéficiait pas toujours d'une permission pour aller chez ses grands-parents. Un jour, il passe derrière la grange, en fait le tour pour finir son parcours dans l'herbe haute et mouillée. Il arrive chez Irène trempé jusqu'à la taille. Bien évidemment, Irène lui demande d'où il arrive :

« De chez-moi. Ma mère ne voulait pas que je vienne chez toi grand-maman, mais je suis là maintenant ! »

Elle rit de cette détermination. C'est la même qui l'anime quand il va à l'école primaire de Sainte-Brigide et qu'il se dépêche de faire tous ses devoirs pour aller voir Irène et enfin pouvoir jouer au Monopoly avec la reine du jeu ! Elle croit même que David est devenu comptable pour les mêmes raisons. Il est de loin le plus passionné de ce jeu. Il a commencé son apprentissage en regardant Irène et Dan jouer tout en retenant les gestes et expressions inhérents à la joute. Bien avant son entrée à l'école primaire, même avant sa maternelle.

Un bon matin David se pointe dans l'espoir de jouer avec Irène à son jeu favori. Mais elle lui répond qu'il doit attendre d'aller à l'école pour ça. Rien n'est moins juste pour lui, mais bon. Deux semaines avant que l'école commence, il se pointe devant Irène et lui dit :

« Grand-Mère, je ne vois pas la différence entre quand j'irai à l'école et maintenant. Qu'est-ce qu'il y aura de plus dans deux semaines ? Rien ! Maintenant tu dois jouer avec moi !

D'accord on joue ! »

À sa grande surprise, il est capable de jouer. C'est Irène qui tient la banque. Mais bientôt, voilà que David occupe, à son tour, le rôle du banquier avec sérieux. Irène, admirative, lui demande :

« Comment et de qui a-t-il appris tout cela ? Il répond :

-Mais de toi Grand-Mère ! Elle rit de bonheur. Souvent David, équipé de ses cinq ans, joue au Monopoly de 13 h à 19 h sans arrêt.

David et Dan toujours complices.

Avec Joël, deuxième fils de Marlyse.

Un autre de ses petits-fils, Joël, prend régulièrement du temps pour parler avec sa grand-mère au téléphone. Il peut parfois téléphoner cinq ou six fois le même jour. La moindre pensée qu'il considère digne d'intérêt pour elle est partagée sans plus attendre. Jamais elle ne le limite, ou lui dit je n'ai pas le temps ou arrête de me téléphoner. Aussi amusée qu'eux, elle n'a pas envie de mettre des limites de disponibilité envers ses enfants et ses petits-enfants. Jouer à des jeux de société, à cache-cache ou faire du vélo, c'est un temps de qualité magnifique.

Une fois, un dimanche après-midi, elle joue à la cachette dans la maison avec les enfants de Gérard : Manuel, Mélanie et Rachel. La maison entière pouvait être utilisée sans restriction. Elle amorce le jeu avec les enfants et décide d'aller se coucher dans le lit où Otto fait une petite sieste. Elle se cache sous les draps tout près de lui si bien que sa silhouette est fondue avec celle d'Otto. Les enfants la cherchent partout. De temps à autre elle lance un coucou pour leur prouver qu'elle est toujours là. Un des enfants entre dans la chambre et demande :

"Grand-Père, est-ce que tu sais où est cachée Grand-Mère ?

-Oui je le sais, mais je ne le dis pas ! répond l'homme complice."

Évidemment, elle n'a pas pu utiliser cette cachette plus d'une fois !

La grande famille en l'an 2000.

Irène voudrait bien se rappeler de tous les échanges avec ses petits-enfants, car la parole de chacun révèle son caractère et sa personnalité. Les moments de bonheur en leur compagnie ne se comptent plus. La porte est toujours ouverte, comme son cœur, pour accueillir sa progéniture affamée en plein milieu de la journée, à la recherche d'une collation spéciale, autant que la présence complice et rassurante de Grand-Mère Irène. Son écoute, ses conseils, son attention entière sont donnés sans condition. À leur contact et devant leur intérêt quand elle raconte les moments forts de sa vie, Irène entrevoit pour la première fois la possibilité de mettre par écrit sa biographie. Elle amorcera à trois reprises ce projet de mettre en pages et en livre sa vie. Mais, le canevas en suisse allemand dort dans un tiroir discret.

Cela répondrait à la curiosité des enfants avides de questions et de réponses. Bien que tous soient devenus des adultes maintenant, ils recherchent du temps avec elle. Et elle s'en réjouit.

Elle est un phare pour chacun d'entre eux. Irène est la grande amie sage chez qui il fait bon d'aller prendre un café pour trouver refuge. Elle se réjouit surtout de voir leur progrès, leur succès. Elle supporte avec eux leurs peines aussi. Qu'ils soient en agriculture, infirmières, psychoéducatrice, agronome, comptable agréé ou enseignant, ils la comblent de voir leur passion rejaillir dans leur monde, toujours désireuse de voir rayonner la foi et la consécration en son Dieu. Elle intercède pour eux et prie Dieu qu'Il se révèle à eux, en eux. Enfants, elle les complimentait avec authenticité et nourrissait leur fierté. Elle manifeste le même enthousiasme devant leur réussite et leur bon coup maintenant adulte quand elle lance :

- Bravo tu as bien fait ! »

En vivant ce genre de relation, Irène réalise qu'elle n'a pas eu ce privilège, n'ayant jamais connu ses grands-parents. La tradition orale lui a donné un certain portrait de ses ancêtres, mais rien n'est comparable à ce qu'elle savoure avec ses petits-enfants. Comme dans d'autres aspects de sa vie, elle a miraculeusement pu donner ce qu'elle n'a pas reçu dans les relations avec ses proches. Elle est d'une influence solide et sûre, aimante et douce. Elle aime simplement, complètement, inconditionnellement.

La foi : un héritage accepté ou refusé

La foi peut être un héritage familial que l'on accepte ou que l'on refuse comme individu. Mais pour être active, la foi doit être un choix conscient et personnel. À un moment donné de sa vie, il faut s'arrêter et mesurer ce que l'on garde et ce que l'on rejette du bagage reçu. Irène est consciente que tous n'ont pas la même vision des choses et conséquemment certains deuils sont à faire sur la profondeur de certaines conversations au niveau spirituel. Qu'adviendra-t-il des générations futures ? Doit-elle faire le deuil d'aspirations et de percées pour les siens ? Le succès entrepreneurial et familial, elle en est certaine, est une des bénédictions que Dieu a déversées sur elle et sur Otto, et leurs enfants. Accepter que l'on puisse passer à un changement de valeurs, c'est accepter que chercher à connaître Dieu n'est plus une priorité et ça c'est dur, très dur à accepter. Elle a endossé la pauvreté, la maladie, la mort pour que Dieu soit glorifié dans sa vie. La solitude, le découragement ont été comblés par la provision de Dieu dans les moments les plus troubles. Dieu bénit leur travail et leurs investissements. Il est comme un partenaire dans leur famille et leur entreprise. Il est un Père, L'associé qu'elle refuse de voir être remercié pour ses loyaux services et écarté afin de donner sa place à quelqu'un d'autre.

Ayant grandi dans une famille de neuf enfants, Otto est le seul chrétien né de nouveau dans sa famille. Ses parents s'étaient consacrés à Dieu, mais pas les autres enfants. Irène est de la 3e génération de chrétiens engagés, ses enfants, Marlyse, Gérard, Martin et Philippe composent la 4e génération et ses petits-enfants font partie de la 5e génération. Irène considère que le danger d'être distrait de la personne de Dieu vient quand on jette nos attentes sur les humains. Les limites sont le lot des hommes et des femmes ici-bas, si dévoués soient-ils dans les différentes églises. Nous exhibons un portrait égratigné de Dieu qui déçoit et dilue la foi de ceux qui s'y attardent. Mais nous sommes appelés à lever les yeux. Sinon, nous sommes noyés dans une mer de fautes et de manquements, qui pourtant sont la tare de ceux qui jugent aussi. Ainsi, on perd le chemin et sa finalité : connaître Dieu, et celui qu'il a envoyé, Jésus. Pour Irène, rien d'autre n'a autant d'urgences dans cette vie.

Matthieu et Rachel.

Mélanie et Céline.

Michael.

CHAPITRE 15

Les 25 dernières années

La crise du verglas en 1998

Les grandes chaînes de radio et de télévision informent la population qu'une tempête de verglas se forme et se dirige vers le sud du Québec. En janvier, les Québécois sont habitués à recevoir des précipitations sous toutes formes, mais surtout en neige. Or, entre le 4 et le 10 janvier 1998, certaines zones de la vallée du Saint-Laurent depuis Kingston jusqu'aux Cantons de l'Est au Québec reçoivent jusqu'à 100 mm de granules de glace. Le 5 janvier, une pluie verglaçante tombe sur la grande région de Montréal et sur la Rive-Sud, depuis Longueuil jusqu'en Estrie. Le poids de la glace endommage le système électrique et les pannes s'accumulent, en ville comme en campagne. Rapidement, l'état d'urgence est décrété. Le premier ministre Lucien Bouchard écourte ses vacances en Chine et rentre d'urgence à Montréal.

La population est dirigée vers des centres d'hébergement, mais on ignore combien de temps cela va encore durer. Au plus fort de la crise, plus de 1,4 million d'abonnés sont privés d'électricité, soit 3,5 millions de personnes. La Croix-Rouge et plus de 3300 bénévoles ouvrent 450 centres d'hébergement au Québec, en Ontario et au Nouveau-Brunswick. Ces derniers sont improvisés dans les écoles, fermées le temps de la crise, dans les centres communautaires, ainsi que dans certaines églises. On alimente en électricité quelques pièces de ces lieux, des douches fonctionnelles et un service de cafétéria. Des classes et des gymnases transformés en dortoirs abritent le désarroi des familles bousculées.

Dans les villes, la nuit, c'est la noirceur qui règne. L'éclairage des rues est absent. Plusieurs restent chez eux, tentant de se mettre à l'abri du froid. L'armée est appelée en renfort et l'aide s'organise pour voir à la sécurité et au confort des citoyens. Une partie des soldats vient prêter main-forte aux employés débordés d'Hydro-Québec. Des élagueurs, des monteurs de lignes et des installateurs de poteaux, venus des États-Unis, complètent les équipes sur le terrain. Petit à petit, on rebranche des secteurs. Montréal est priorisée considérant l'urgence de garder l'eau potable et de sécuriser la quantité de gens touchés. Contre toute attente, on parvient à conserver l'épuration et la qualité des eaux de la métropole.

Céline qui, du haut de ses 4 ans, tient un bloc de glace formé par le verglas.

La Montérégie est particulièrement touchée, mais surtout Saint-Jean-sur-Richelieu, Granby et Saint-Hyacinthe. On surnomme la région délimitée par ces villes comme le « triangle noir ».

La ferme Victoire se trouve justement dans cette zone critique. Ils ne sont donc pas épargnés et la priorité est d'installer une génératrice à la ferme pour protéger le troupeau de vaches : chaleur et ventilation sont vitales. La plupart des fermes ont des génératrices. Des pertes énormes sont infligées aux fermiers sans cette source d'appoint. Gérard contacte Fritz Fankhauser en Alberta. Il envoie par camion cinq génératrices pour dépanner les fermiers du village.

Comme des amis cultivateurs rencontrent de sérieux problèmes avec leur génératrice, la ferme Victoire partage ses ressources et on divise le temps d'utilisation de la génératrice entre les deux fermes. Tout un casse-tête ! Les dindes doivent constamment être dans un poulailler chaud et ventilé. Les génératrices fonctionnent sans relâche, branchées aux tracteurs.

Pour la maison, heureusement, un chauffage au bois est en place au sous-sol et suffit à conserver la chaleur ambiante autour de 14° C. Les sentinelles se relaient jour et nuit dans les étables. En prévention, la police et les pompiers font régulièrement des tournées sur les fermes et dans les maisons de la région. Les chauffages d'appoint sont à surveiller. Au Québec, une trentaine de personnes ont perdu la vie justement par un manque de vigilance ou de mauvaises installations.

Arbres enrobés de verglas devant la maison des Aeschlimann (janvier, 1998).

Pour les philosophes comme Irène et Otto, il y a bien un stress sur les deux sites qu'occupe la ferme : la ferme du rang 8, et celle du rang 9 ; mais retrouver un rythme plus lent, un confort plus rustique ne les insécurise pas. Si chacun des leurs est en sécurité, leur bonheur est au chaud.

Partout dans les villes et villages touchés par la crise du verglas, on se serre les coudes et on épure nos priorités. Avoir un endroit intime où vivre, avoir de la chaleur et de la lumière, manger une nourriture saine, toutes ces choses sont des privilèges. Mais fragiles.

Vingt-deux ans plus tard, la pandémie de Covid-19 ajoutera à ceux-là. Irène est reconnaissante d'être avec les gens qu'on aime et de pouvoir les côtoyer.

> **Au jour du bonheur, sois heureux, et au jour du malheur, réfléchis : Dieu a fait l'un comme l'autre, afin que l'homme ne découvre en rien ce qui sera après lui.**
>
> Ecclésiaste 7,14 Bible Louis-Segond.

Paysage aussi féérique que dramatique devant la maison (janvier 1998).

Un temps pour chaque chose : la retraite

Les grands-parents délaissent tranquillement la ferme à la fin des années 1990. La ferme Victoire est maintenant sous la gouverne des deux fils. L'entreprise accueille toujours des employés saisonniers de la Suisse. Certains logent comme locataires dans un appartement au sous-sol des doyens Aeschlimann.

Est-ce possible de penser qu'Irène ne sera plus fermière finalement ? Il semble que oui. Encouragée par cette liberté prochaine, elle s'arrête. Elle ne rêve de rien sinon de ne rien faire ! Ne plus gérer et simplement passer son temps autrement : voilà un scénario enviable. Il semble qu'elle attend ce moment depuis la mort de son père. Mais elle n'a pas de regret, elle est là où elle devait être, elle vit dans la destinée et dans la percée choisie par Dieu pour elle.

Ainsi, en 1997, Irène et Otto planifient et construisent une nouvelle maison sur le terrain de l'ancienne grange brûlée. On détruit la petite maison qui y trônait et on la remplace par une habitation charmante et contemporaine.

Nouvelle maison pour Irène et Otto construite en 1997.

Claudia et Gérard.

Le temps des récoltes.

Gérard et Claudia vivent sur le rang 8. Le couple gère la ferme de façon empirique, mais surtout les volets avicole et l'agricole. Céline, Mélanie et son conjoint Timothée prennent la relève en juillet 2023.

Philippe et Esther vivent sur la ferme du rang 9. Philippe est le coordonnateur et gestionnaire de la partie qui concerne la production laitière. Esther travaille comme infirmière dans un centre hospitalier de la région. Marlyse et Jacob sont occupés comme propriétaires fermiers, parents, et grands-parents.

La famille de Philippe et d'Esther.

Jacob et Marlyse.

La famille devant la nouvelle maison du rang 8 en 2000.

Cette nouvelle chaumière sera témoin de leurs années de retraite. La femme se projette : peut-être aura-t-elle le temps de tricoter, coudre, un peu, pas trop ! Prendre soin des fleurs, recevoir des amies, marcher sur la ferme juste pour le plaisir. Une seule ombre au tableau : Irène est si fatiguée, elle se sait usée physiquement et psychologiquement. À tel point que, la baisse de capacité à se concentrer, la prive de l'un de ses plus grands plaisirs : la lecture. Inquiète, elle craint que cette faiblesse demeure et que sa qualité de vie se détériore, dilapidant tout le temps à sa disposition. Par bonheur, il n'en est rien. Une routine plus douce, dans un agenda allégé, doublés de repos bien mérité, et la femme récupère progressivement ses forces et son potentiel de concentration. Elle bénit Dieu !

Et pourquoi pas, écrire ce livre... Un livre sur sa vie ? En suisse allemand... Non en français... Cela fera du bien à plus de gens :

« Dieu si tu veux que je fasse ce projet, tu mettras quelqu'un devant moi pour cela ! Je ne maîtrise pas le français suffisamment ! » dit-elle en prière.

Ils voyagent davantage maintenant, et pas seulement en Suisse : le Wisconsin, San Francisco, Israël, l'Alberta et les provinces de l'Ouest canadien ; et l'ouest des États-Unis. Ils ont aussi visité Berne et Genève... en Ohio, dans le Midwest américain. Des vacances au Mexique aussi.

Irène et son pain

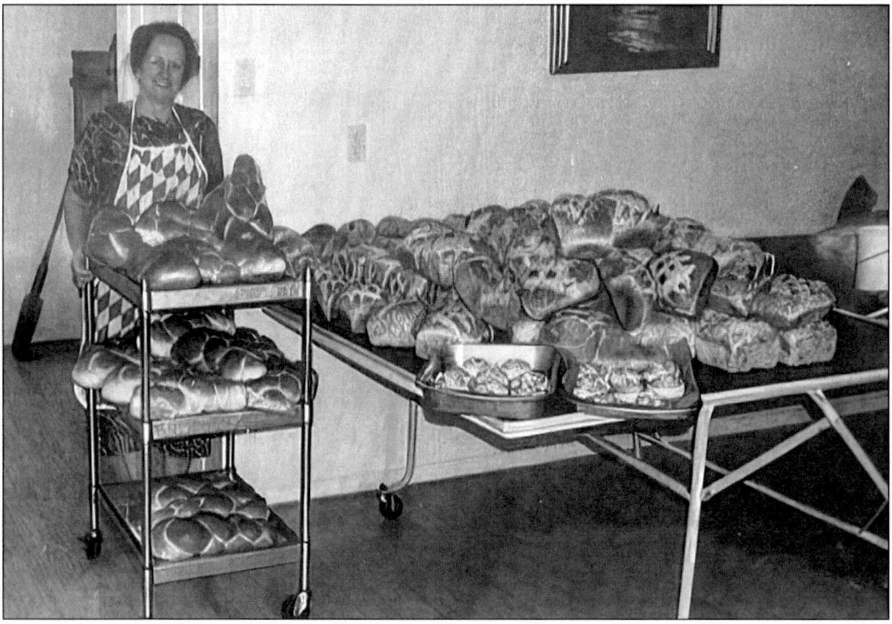

Irène dans le sous-sol avec sa production mensuelle de pains traditionnels.

À Sainte-Brigide, le sous-sol de la nouvelle maison Aeschlimann cache un trésor précieux pour la femme : une immense machine à pétrir. Irène l'a acquise d'un ancien boulanger suisse. Grâce à cet outil, elle peut pétrir la pâte pour préparer 106 délicieux pains. Parfois accompagnée par Esther ou Claudia, ou l'un de ses petits-enfants, elle cuisine les miches et les tresses de pain à l'odeur réconfortante. Ensuite, c'est Otto qui fait la distribution aux trois adresses des enfants Aeschlimann. Un peu rieur, il pense à écrire PAINS D'IRÈNE sur les portes de son véhicule ! Et le talent de la boulangère s'étend aussi à celui de pâtissière quand elle façonne de fabuleux gâteaux pour des fêtes et des mariages. Une petite boulangerie du village vend aussi un peu de sa production. Mais Irène abandonne doucement cet art devant l'énergie requise. Elle fait toujours son pain, mais en plus petite quantité, désireuse d'avoir toujours sous la main de l'affection à distribuer !

Le couple à leur 40e anniversaire de mariage (1999).

Les armoires de cuisine

Irène et Otto sont installés depuis quelques années dans la nouvelle maison sur la terre du rang 8. Ils en ont choisi le modèle en priorisant l'espace pour eux deux, mais en installant aussi une chambre d'amis avec salle de bain indépendante et les commodités pour les visiteurs. Un sous-sol a aussi été aménagé pour accueillir les travailleurs saisonniers.

Comme gestionnaire-propriétaire, Irène est souvent occupée à penser aux différents aspects de la ferme ; et le confort de ses locataires en fait partie. La première année, un homme du Mexique est venu seul et mangeait avec le couple Aeschlimann. La deuxième année, il est revenu et Irène lui proposa de cuisiner lui-même. Pour que ce travailleur soit complètement autonome, il serait approprié de faire installer des armoires au sous-sol. Il y en a déjà, mais la quantité reste insuffisante pour les besoins.

Il fait nuit. Irène est lasse et fatiguée. Elle n'a pas l'énergie en ce moment pour investiguer et planifier un magasinage à ce sujet. Elle s'endort donc sur cette ébauche de projet dirigeant un grand soupir vers le ciel. Le lendemain, c'est dimanche. Des amis sont là en après-midi pour jaser et prendre un café. Il arrive fréquemment que le couple Aeschlimann invite des gens de l'église de Farnham à la maison. Parfois se joignent à eux des inconnus avec les amis des amis. Parmi les convives de la tablée, il y a un homme qu'Irène voit pour la première fois. Il lui raconte qu'il fabrique des armoires de cuisine :

« Oh, pense Irène, pourriez-vous en faire pour moi aussi ?

-Mais vous possédez une maison neuve, où voulez-vous placer vos armoires ? répond l'homme en regardant autour de lui.

-Au sous-sol ! » rétorque la femme.

Otto qui entend parler d'armoires au sous-sol pour la première fois reste curieux, mais il connaît bien le talent de son épouse pour adoucir la vie des autres. L'homme-menuisier et Irène descendent au sous-sol. Il prend les mesures et disparaît avec un tiroir pour s'assurer d'utiliser le même type de bois. La chrétienne est apaisée, rassurée, encouragée, et surtout exaucée. De plus, elle n'a pas eu à quitter sa maison pour magasiner quoi que ce soit ! Une grâce qu'elle range précieusement dans l'armoire de ses bénédictions. Et voilà que pour la première fois dans l'histoire de la ferme Aeschlimann, un des travailleurs, d'origine latine, est maintenant accompagné de son épouse. Celui-là même qui a vu l'installation des armoires !

Les accidents de travail d'Otto

En agriculture, les tâches sont variées et les dangers omniprésents. Tout le monde connaît des histoires dramatiques qui se sont passées sur des fermes. Les risques d'accident sont nombreux en raison de la machinerie, du rythme de travail ou de l'isolement du travailleur lors de certaines tâches. De plus, les fermiers ont une double diplomation et peuvent ainsi légalement accomplir des tâches comme menuisiers, mécaniciens ou électriciens. La démence que développent certains animaux qui soudain s'attaquent à la main qui les soigne. Bref, la prudence est de mise en tout temps. Comme les hommes sont plus nombreux sur le terrain, encore aujourd'hui, ils occupent le haut du palmarès des victimes d'accident à la ferme.

Otto Aeschlimann a connu sa part de douleur en raison de deux accidents de travail. En 2005, il coupe du bois à l'aide d'une fendeuse. Il effectue ce travail routinier en plaçant une bûche sous la hache mécanique. Depuis plusieurs jours il travaille seul. Mais ce jour-là, un de ses petits-fils le seconde. Sa tâche consiste à actionner la machine après que Grand-Père a déposé la bûche sur la surface de coupe. Mais le manque de synchronisme entre les deux abaisse la hache trop vite et la main droite d'Otto absorbe la coupe, substituant la bûche. Le jeune homme relève le mécanisme à la hâte, mais le dommage est sérieux. Deux doigts, dont le pouce, ont été sectionnés. La main est coupée profondément, mais elle tient sa forme. Les membres coupés sont dans son gant. On le transporte à l'hôpital de Saint-Jean, mais on le redirige vers l'hôpital Notre-Dame à Montréal. Irène l'accompagne évidemment.

Au moment où le médecin de garde s'apprête à enlever le pansement de fortune que lui fit Claudia, il jette un coup d'œil à Irène au teint blême. Il lui dit :

« Vous vous sortez ! Puis il regarde l'infirmière près d'elle et lui propose : Occupez-vous de cette dame. »

Les deux femmes sortent de la salle d'examen.

« Avez-vous mangé quelque chose ? questionne l'infirmière.

- Non, mais ça va aller. »

- Il faut que vos mangiez maintenant, car vous devrez passer la nuit ici. »

Elle accompagne Irène à la cafétéria de l'hôpital et voit à ce qu'elle ne manque de rien. Puis, elle quitte laissant Irène devant son repas.

Le regard d'Irène balaie la pièce. Elle tente de récapituler les dernières heures. Son regard s'arrête sur un homme lourd qui s'empiffre de biscuits. Un après l'autre, il mange des biscuits. Irène s'interroge sur la douleur des personnes qui les pousse à se nourrir à ce point de sucre. Puis sa pensée se redirige vers Otto qui pourrait être tragiquement handicapé par un tel accident. Et la ferme. Elle prie. Elle ne connaît pas cet hôpital ni ses médecins. Qui sera le chirurgien qui ramènera Otto à la santé... Elle déteste les hôpitaux et les aime à la fois. Elle redoute s'y retrouver et voir ceux qu'elle affectionne souffrir. Trop de ceux qu'elle aime ont franchi les portes d'un hôpital : Alice sa sœur bien-aimée, Hans son père, Emma sa mère puis, Gérard son aîné. Et Martin. Et maintenant Otto, pour une deuxième fois.

Car, deux ans auparavant, en 2003, son Otto s'était brisé un genou lors d'une collision sur le rang 8. Le petit-fils Aeschlimann, qui conduisait le tracteur, n'a pas regardé attentivement et coupa la route à un automobiliste qui roulait direction ouest. Otto prenait place à l'arrière dans une remorque. Au moment de l'impact entre les deux véhicules, il est projeté dans les airs. La violence de son atterrissage dans un fossé lui brise le genou gauche. Il est immobile pour plusieurs semaines. Et maintenant, quelle convalescence aura Otto ?

Les pensées d'Irène roulent toute la nuit. Un bruit de pas la sort de sa somnolence. Des nouvelles de la salle d'opération par l'infirmière en poste. Après huit heures d'intervention chirurgicale, surtout pour rattacher le pouce à la main, l'opération est concluante et la main d'Otto est sauvée ; mise à part une partie du petit doigt. Les tiges de métal qu'on lui a insérées l'obligent à porter un gant de protection. Mais son cœur de femme est rassuré et elle peut rapporter de bonnes nouvelles à la maison. Elle aura l'occasion de parler avec le chirurgien qui sera-là dans quelques minutes. Une porte grince derrière elle, elle se retourne admirative, enfin elle peut lui verbaliser toute sa reconnaissance. Étonnée, elle reconnaît l'imposant mangeur de biscuits de la cafétéria ! Une leçon sur la gratuité des jugements qu'elle ne veut pas oublier !

Irène visite Otto tous les deux jours à l'hôpital et l'aide à s'alimenter. De retour à la maison, il est en convalescence pendant des mois et doit faire de la physiothérapie. À la ferme, on ajuste les tâches encore une fois.

Otto en convalescence.

En 2004, Irène a 66 ans.

Un bijou précieux

Les Aeschlimann sont rayonnants. Établis solidement au Québec, ils sont paisibles, mais actifs et travaillent sans relâche depuis des années. Des vacances en Suisse sont au programme. Ils quittent le Canada pour quelques semaines. Irène et Otto se nourrissent de bon temps et reprennent des forces pendant cette période plus calme de leur vie. Romantique à ses heures, Otto prépare un cadeau pour sa bien-aimée. Il a choisi pour elle un magnifique collier en or blanc avec un pendentif en forme de croissant. Elle est ravie et est comblée par ce bijou, symbole de l'attachement pour l'homme de sa vie.

Ils reviennent sur leur ferme au Québec et reprennent leur routine de travail au gré des saisons.

Un jour d'octobre dont elle ne se rappelle plus l'année, Irène égare son inestimable collier. Elle le cherche, investigue toute la maison, retourne les meubles et les objets dans sa quête. Rien à faire, l'objet recherché reste introuvable. Otto, ironique, taquine sa femme :

« Tu aimes trop ton bijou et Dieu veut qu'on l'aime Lui... alors il a pris la chaîne ! »

Otto et Irène se moquent un peu des gens qui considèrent davantage Dieu comme un père frustré, une forme de juge narcissique. Elle rit car elle sait bien qu'elle est, elle-même, si précieuse aux yeux de Dieu. D'ailleurs, elle prie que par sa grâce, elle retrouve cette chaîne. Un, deux mois passent... En décembre, Irène prend la décision d'arrêter de chercher. Elle cède en disant :

« Si c'est ta volonté, Dieu que je ne la retrouve pas, je la laisse et je refuse de me rendre malheureuse pour cette perte, mais j'accepte qu'il en soit ainsi. »

Nous sommes le 31 décembre en avant-midi. Irène est dans les préparatifs pour les agapes du jour de l'an. Elle se met en mouvement afin de préparer du pain pour le réveillon. En même temps, une pensée traverse son esprit.

Ta chaîne est sur ta table de nuit, dans l'étui où se trouve l'instrument pour mesurer la tension artérielle, dans le coin à droite.

La femme se lève intriguée par cette révélation et se dirige vers la chambre. Elle ouvre l'étui et aperçoit le fameux bijou, dans le coin droit du coffre, exactement à la place décrite par les indications incontestablement précises. Elle est comblée par la bonté du Seigneur.

Irène en conclut que Dieu lui offre ces moments exceptionnels pour obtenir son attention, sa stupéfaction et activer sa guérison. Une telle expérience, si personnelle, si pointue, augmente sa foi. Et sa paix : Dieu s'occupe d'elle certainement. Et donc, rien de ce qui lui semble une perte n'échappe au regard et à la souveraineté de Dieu. Elle ne connaît pas entièrement Sa sagesse, mais elle saisit de ces moments inusités, choisis, divins, une part de son amour parfait. Ainsi, petit à petit, Dieu guérit le cœur de mère d'Irène.

Ses louanges, parfois formuler par une timide phrase :

« Dieu je te remercie pour cela » font reculer l'ennemi et protègent sa maison.

Si peu de mots, issue d'une confiance totale en la fidélité de Dieu. Sa capacité, de faire concourir toutes choses au bien de ceux qui sont appelés selon son dessein, assure la victoire, même dans les situations les plus critiques. Après le décès de Martin, 12 longues années auront été nécessaires pour qu'Irène ait de nouveau la liberté de syntoniser les petits bonheurs du présent. Ce jour est maintenant venu.

La proximité de Dieu dans sa vie est d'une telle réalité, qu'elle s'adresse au Seigneur Jésus comme on s'adresse à un père ou une mère, un ami. Son Créateur est son confident. Comme une épée à deux tranchants dans sa main, les passages bibliques qu'elle lit la nourrissent et combattent pour elle contre le doute, la peur, l'amertume de la douleur. Elle porte cette beauté que seule une foi savamment éprouvée dépose.

Irène est l'objet de la bénédiction de Dieu, une récipiendaire de la grâce, un jour à la fois. Elle n'aura jamais un autre discours :

« C'est la bénédiction de connaître Dieu qui est le plus grand bien ; et c'est Sa bienveillance qui nous garde fermes dans l'appel qui est le nôtre, quel qu'en soit le prix. Et nous devons y puiser chaque jour. »

> **Que le Dieu de paix vous sanctifie lui-même tout entier, et que tout votre être, l'esprit, l'âme et le corps, soit conservé, irrépréhensible, lors de l'avènement de notre Seigneur Jésus-Christ ! Celui qui vous a appelés est fidèle, et c'est lui qui le fera.**
>
> 1 Thessaloniciens 4. 23 -24 Bible Louis-Segond.

CHAPITRE 16

Épilogue

Les moments les plus précieux

Les grands-parents Aeschlimann ont franchi le cap des 90 ans pour Otto et de 85 ans pour Irène. Interrogés par Céline quant à savoir quel est le meilleur souvenir de leur vie ensemble, Irène et Otto se regardent et sourient. Irène, futée, laisse d'abord la parole à son mari. Quel est donc le moment de sa vie où il était le plus heureux ? Le temps de l'immigration ? Ou celui de l'arrivée des enfants ? Peut-être de voir la progression de la ferme ?

Il répond que c'est le moment de ses fréquentations avec mademoiselle Hofmann. Il était alors gardien de prison. Irène était étudiante à l'école ménagère la semaine et revenait à la ferme de Richigen tous les deux week-ends. C'est donc Otto qui venait la chercher à moto pour la ramener à la maison. C'était sans aucun doute la période la plus romantique et insouciante que le couple a connu.

Le temps de leurs fréquentations n'était qu'un balbutiement de la vie incroyable qu'ils embrasseraient. Ce que nous accomplissons pour l'autre avant le mariage ne présume absolument pas de ce que nous ferons après. Toutefois, dans leur histoire, il est évident que l'un et l'autre étaient volontaires pour s'engager ensemble sur des sentiers nouveaux. L'obéissance à Dieu leur a permis d'être équipés, accomplis et gardés jour après jour. Un mariage aussi enviable a été rêvé d'abord sur... une moto Condor 1950.

Le couple (1959).

Irène, toujours à la droite d'Otto (2023).

Ses œuvres léguées et toujours en mouvance

Nous venons de vivre un autre 13 novembre. C'était dimanche dernier. En se réveillant ce matin-là, plusieurs ont prié pour le cœur d'Irène, celui d'Otto et des leurs. Une journée pluvieuse et grise dehors comme en dedans. Même si 45 années séparent les deux jours, la mort tragique de Martin est encore sensible dans la mémoire de la femme et de sa famille.

Néanmoins, tant de bonnes choses ont pris place sur cette ferme, dans cette maison, dans cette vie, autour de cette femme. Elle ignore sa grandeur et c'est là toute l'intensité de sa beauté. Autour d'elle, de nouvelles personnes sont nées et sont devenues des adultes maintenant. Physiquement et spirituellement aussi. Une quatrième génération est là. Sur la ferme Victoire et dans l'église de Farnham. Ils ont bâti un héritage spirituel et physique pour la région qui rejaillit dans tout leur pays d'adoption. Un héritage se façonne par la cumulation de ce que nous avons et investissons un centime, une parole, un geste à la fois. Un jour devient des années. Irène a l'impression d'avoir fait ce qu'elle devait de cette vie prêtée. Cette paix est inestimable, glorieuse, enviable. Au fur et à mesure qu'elle relâche ses engagements et ses devoirs, son regard cherche une fenêtre pour la suite, c'est-à-dire, la place qu'occupera la croix et son autorité dans cet héritage.

Cette croix me sera toujours chère
Elle est gloire et victoire pour moi
Et par elle, en la maison du Père,
La couronne est offerte à ma foi.

Georges Bennard 1912[3]

Quel aspect de sa vie actuelle, en 2023, sollicite encore autant sa foi ? Ses œuvres léguées et toujours en mouvance.

L'avenir de la ferme à travers ses petits-enfants. L'avenir de l'église à travers les changements fréquents. Dans ces deux aspects, un seul domaine : le souci de la continuité. Tenir ferme. Tenir ferme dans le temps, dans les épreuves comme dans les joies. Dans les temps de bénédictions comme dans les déserts.

Irène est la seule membre de la famille Hofmann qui a atteint l'âge vénérable de 85 ans. Sa mère, 75 ans, son père 57, ses tantes n'ont pas dépassé les 64 et 81 ans. Les parents d'Otto sont décédés à 72 ans pour la mère, et 83, pour le père. Otto seul est plus âgé qu'elle. Elle a l'impression d'avoir fait le tour de sa vie, de son jardin, de ses possibilités. Elle avoue une grande fierté quand elle y pense.

[3] George Bennard (4 février 1873 - 10 octobre 1958) était un compositeur et prédicateur d'hymnes américains. Il est surtout connu pour avoir composé le célèbre hymne « The Old Rugged Cross ».

Irène, Otto et Céline au premier plan,
à l'église Baptiste Évangélique de Farnham en Montérégie.
www.eglisefarnham.org/

Son espérance

Elle est prête à quitter cette terre. Mais ce n'est pas en raison d'une vie malheureuse, car elle en jouit comme jamais. Elle est en fait dans le couronnement de sa carrière. Non, l'éventualité de la quitter l'habite à tout moment depuis ce jour de 1942 où Alice est partie. Mais loin d'être une réalité paralysante, elle est en fait un catalyseur pour vivre chaque jour avec intensité. Depuis le dimanche de ses 14 ans où elle s'est consacrée à Dieu, la mort n'est pas une frayeur, mais une porte vers une vie éternelle avec le Dieu qui est l'objet de sa foi.

« Mais c'est Dieu qui décide », dit-elle. Qui sait si elle prie en ce sens...

Pour Irène et Otto, un événement aurait pu tourner au tragique le 31 octobre 2022. Alors qu'ils attendent pour tourner à un feu de circulation à Saint-Jean sur le Richelieu, un camion de livraison vient percuter leur SUV du côté conducteur et les entraîne sur plus de 200 m. Irène et Otto restent calmes, se demandant si c'est là le moment pour eux de rentrer à la Maison Paternelle. Tout se passe avec une telle lenteur qu'aucun bruit n'émane de la scène, pas même l'impact entre les deux véhicules ne se laissera entendre, comme orchestré par un ange de l'Éternel. C'est surréel.

Les déplacements cessent et tous deux n'ont aucune égratignure ni blessure. La personne au volant du camion est indemne également. Irène et Otto savent très bien qu'il aurait pu en être autrement, vraiment. Sous le choc, mais sereins, ils sortent de leur véhicule au moment où des badauds s'assemblent, autant par curiosité que pour porter secours. Non merci, pas de petit tour en ambulance aujourd'hui messieurs et mesdames ! Les ambulanciers ne peuvent savoir tout le prix derrière la sérénité évidente des deux doyens. Mais, ont-ils lu la déception dans les yeux des deux chrétiens ? Ils sont prêts à quitter et il aurait été possible que ce jour soit leur dernier, ici, maintenant.

Une fois les constats d'usage remplis, ils retournent chez eux dans leur SUV à la porte renfoncée côté conducteur et d'un rétroviseur en moins. Sur le chemin du retour, la femme de 84 ans et son homme de 90 ans révèlent leur état d'âme : ils sont animés d'une étonnante déception d'être encore sur cette terre. Il est entendu dès lors que Dieu, dans sa sagesse, a considéré que ce n'était pas encore le temps de leur promotion. Aucune frayeur dans leurs yeux, juste le sentiment incroyable d'un rendez-vous manqué. Ils demeurent des serviteurs débonnaires et fidèles, mais plus que jamais habités par l'anticipation du ciel.

- **Je suis la résurrection et la vie, lui dit Jésus.**
  Celui qui place toute sa confiance en moi vivra, même s'il meurt.
  Et tout homme qui vit et croit en moi ne mourra jamais.
  Crois-tu cela ?
- **Oui, Seigneur, lui répondit-elle, je crois que tu es le Christ, le Fils de Dieu,**
  Celui qui devait venir dans le monde.

Jean 11.25-27 Version Le Semeur.

Remerciements d'Irène

Je regarde ma vie, mesurant ce qui est en arrière avec un cœur de gratitude. Dieu a bien fait. Il m'a conduite et m'a guidée à travers les hauts et les bas, et dans les jours difficiles, j'ai senti que j'étais portée par lui. Honneur à lui seul !

Ensuite, je remercie particulièrement Hélène Rancourt. Je l'ai rencontrée la première fois le 18 octobre 2020. Hélène est la belle-mère de notre petit-fils David. Elle m'a suggéré d'écrire mon histoire en français. Nous avons passé de nombreuses heures ensemble et nous avons bien rigolé. L'harmonie s'est installée naturellement, simplement. Merci d'être devenue mon amie. Sois bénie !

Un grand merci revient à mon cher mari, il a toujours été un soutien et m'a réconfortée quand j'en avais besoin. Merci aussi à mes enfants et à leurs conjoints. Ils se sont toujours montrés de bons collaborateurs dans ce projet, toujours prêts à aider.

Et j'ai tant de reconnaissance pour chacun de mes 13 petits-enfants, chacun si riche de sa belle personnalité, égayant mes jours, je ne me lasserai jamais d'en profiter : nous avons chanté, prié, fait des batailles d'eau, joué à cache-cache, sans oublier le Monopoly et le vélo ! Puis, d'autres jours, c'était le temps de cuisiner des macaronis au fromage, non, extra fromage ! Ou des saucisses Wiennes et de la salade, c'était bon et beau. Jésus a rendu ma vie heureuse et vous l'avez embellie !

Vous avez orné et décoré ma vie d'un tel honneur, celui qui n'attend pas le recueillement autour de la tombe pour se manifester. Vous êtes ma fierté ! Que Dieu vous bénisse tous !

Réjouissez-vous toujours dans le Seigneur.
Encore une fois, je le dis : réjouissez-vous !

Canon :
Freut euch in dem Herren allezeit abermals sag ich freut euch (2x)
Freut euch, freut euch, abermals sag ich, freut euch (2x)

Irène Aeschlimann-Hofmann

Remerciements de l'auteure

Je visite la ferme Aeschlimann pour la première fois en 2020. Juste avant la pandémie de Covid-19 et ses îlots de solitude. Nous étions invités par Philippe et Esther pour faire mieux connaissance. Car leur fils David et notre fille Marie préparaient leur mariage. Coutume d'usage, nous faisons le tour de la propriété et passons par la maison des grands-parents Aeschlimann. Il fait un soleil timide et c'est un samedi de récolte occupé pour les fermiers. Mais Irène, à sa retraite, est disponible et accueillante. Otto est parti donner un coup de main, conduisant le camion sur la ferme.

Nous prenons une petite marche ensemble, les autres ayant déjà bifurqué vers un nouveau centre d'intérêt. Nous marchons lentement, elle et moi, naturellement et sans urgence. Irène me raconte qu'elle a partagé son témoignage, la semaine dernière à un groupe d'aînés de l'Église Nouvelle Vie de Longueuil, lors d'une visite et d'un pique-nique organisés sur la ferme Victoire. Ses yeux brillent. Elle me raconte sommairement les grandes étapes de leur vie, de la Suisse vers le Canada, et dresse une courte liste des défis rencontrés. Je suis accrochée à son récit, désireuse d'en savoir plus. Je lui lance :

« Mme Aeschlimann, est-ce que vous avez déjà pensé à écrire votre biographie ?

-Oui, me dit-elle, j'ai même reçu la demande de compatriotes suisses, en visite pendant quelques jours. Nous avions commencé notre histoire, mais je n'étais pas à l'aise, j'ai annulé la démarche… mais avec vous je le ferais ! »

Honorée par cette invitation, je lui dis sur le champ que c'est fantastique car c'est un projet qui m'anime aussi. Mais, à cette époque, je travaille encore à temps plein comme enseignante en arts au secondaire, et je suis investie par ce mandat que j'aime profondément. Je prends régulièrement de ses nouvelles à travers David, devenu notre gendre officiellement !

Deux ans plus tard, la retraite ayant sonné, et pour la pandémie aussi, nous communiquons par courriels. Irène a réfléchi à la pertinence de déverser son témoignage de vie et de foi pour bénir les autres. Elle est en paix avec cette idée. Et moi aussi. Nous confessons toutes deux que ce projet en suspens nous a habitées tout le temps du délai qui nous a séparées. Nous entamons enfin cette aventure en août 2022. Plusieurs mois à échanger sur les différents pans de sa vie pour en faire un récit solide et précieux. Ce premier projet de retraite a décoré mes jours et mes semaines pendant plusieurs mois, meublant mes pensées, colorant mon automne comme mon hiver. Nous terminons à quelques jours de l'été encore timide.

Je suis émue et reconnaissante pour votre confiance Irène et je salue votre courage et votre persévérance. Je vous aimerai toujours. Chers lecteurs, comme moi, vous remercierez Dieu que de telles femmes de foi existent !

Merci à toute la famille Aeschlimann, à Esther toujours volontaire pour me situer dans les noms et les lieux. Merci à Otto surtout, qui participait, souvent avec humour et enthousiasme, à nos discussions. Même si je ne parle pas le suisse-allemand et qu'Otto peine avec le français, notre but était le même : soutenir Irène dans cet appel.

Merci à ma famille, Alain mon époux, Simon mon fils et Marie, ma fille et complice, pour leurs encouragements sentis. Merci à mes amies fidèles, et à la famille Rancourt qui m'ont soutenu dans ma douce folie.

Hélène Rancourt

Généalogie sommaire et photos de familles

La famille de Lina Marti. Autour de 1875.
La petite fille est la grand-mère d'Irène, mère de son père.

Les parents de Gotfried Hofmann
Lina Aebersold et Benedikt Hofmann.

La famille de Lina Marti (1879-1937) et de Gotfried Hofmann (1866-1940). Hans Hofmann, est l'aîné de la famille (1900-1957).

Père de Emma Burki. Mort de la grippe espagnole (1870-1918)

La famille Burki. Emma est le bébé (1901).

La famille d'Irène. Emma Burki, Walter, Ursula, Irène et Hans Hofmann (1956).

Famille Aeschlimann autour de 1950. Otto est le deuxième, debout, depuis la gauche.

Martin, Gérard, Irène, Marlyse, Philippe et Otto Aeschlimann (1975).

Décès tragique de Martin dans un accident de la route,
il avait 13 ans (13 novembre 1978).

La famille Aeschlimann autour d'Irène et d'Otto pour leur 60e anniversaire de mariage. Philippe et Esther (Stucki), Claudia (Moser) et Gérard, Marlyse et Jacob (Fankhauser) (2018).

Les petits enfants d'Irène Hofmann et d'Otto Aeschlimann.
La troisième génération à vivre au Québec.

Joel, Michael, Sheila, rangée derrière.
Mélanie, Yasmine, Rachel, Matthieu, Manuel, Mélissa,
Céline, Marc, Dan et David (2020).

La quatrième génération née au Québec compte 10 arrière-petits-enfants en 2023.

Table des matières

EHR